750年

普遍世界的鼎立

歷史的轉換期 III

750年
普遍世界の鼎立

Turning Points
in World History

三浦徹
MIURA TŌRU
|編|
龜谷學、菊地重仁、大月康弘、妹尾達彥——著
黃健育——譯

內文左方註釋均為譯者註，特此說明。

出版緣起

在空間的互動中解讀歷史，在歷史的纏繞中認識世界

中央研究院近代史研究所助研究員、「歷史的轉換期」系列顧問　陳建守

歷史是什麼？來自過去的聲音？人類經驗的傳承？還是帝王將相的生命史？個人有記憶，所以人類也有集體記憶。表面上這些記憶是由事件及人物所組成，更往下分疏縷析，則風俗、習慣、語言、種族、性別等，無不在背後扮演重要的角色。而由這些基點延展開來的歷史研究，則有社會史、文化史、宗教史、性別史、思想史等不一而足的研究取徑。正因為人類無法忘卻過去的一鱗半爪，我們才有了「歷史」（history）。

上個世紀六〇年代英國著名史家卡爾（E. H. Carr）推出的《何謂歷史？》（*What is History?*）迄今剛好屆滿一甲子。卡爾當年「何謂歷史？」的鏗鏘命題，不僅是歷史學者在其漫長的從業生涯中無法迴避的提問與質疑，直至今日，我們仍與之不斷地進行對話。然而六十年過去了，我們現在對「何謂歷史？」這個問題提出的解答，與卡爾提供的答案已經有很大的不同，唯一相同的是「歷

史是過去與現在永無止盡的對話」。雖然隨著討論的課題與人們討論方式的改易，對話的本質可能已經改變，但這樣的對話至今仍不斷地在進行。

與卡爾當年身處的情境不同，現今歷史學研究的興趣從探究因果關係轉向對意義的追尋，由解釋轉向理解。近年來更出現兩項重大的轉向：第一，在過去十年，以全球史為名的出版品有逐漸增加的趨勢，相關研究書文不斷地出現在各大期刊的篇目當中。基於全球史取徑的興起，觀看歷史的視角也從歷時性轉為空間的共時性（from time to space/ place）。第二，大眾史學的出現，歷史做為大眾文化與市民生活的元素，與民眾日常切身相關的歷史研究蔚為風潮，也培養出一群重視在地連結與歷史感的閱讀大眾。

全球史取徑的意義在於打破單一的國族和語言，展現跨地區的相遇（encounter）和連結，同時也直接挑戰了預設地理疆界的「方法論國族主義」。將研究對象置於全球視野之下，一方面可以解構所謂的「歐洲中心化」概念，另一方面則可以指出一個歷史交纏打造的世界。全球視野下的歷史研究跳脫了歐洲中心普世論與國族主義特殊論的二元對立，將視角置於區域發展的自身脈絡以及整體歷史變遷上。至於大眾史學，強調的則是「歷史感」的課題，意圖帶領讀者感受歷史影響我們生活的諸般方式；透過瞭解與參與歷史，我們終將更加了解自己與身處的世界。

呈現在讀者眼前的這套「歷史的轉換期」叢書，就是從這兩大面向切入，編輯而成的套書。整套叢書共計十一冊，是臺灣商務印書館繼二〇一七年推出「中國．歷史的長河」系列套書後的又一鉅作，目的是提供臺灣讀者不同觀點的世界史。其中挑選我們熟知歷史大敘事中的關鍵年分，將之視為探索的起點，卻不囿於時空的限制，而是以一種跨地域的比較視野，進行橫切式的歷史敘事。過往的世界史往往是各國按照年代時間序列組合而成的宏大敘事，全球史的敘事則是要將時空的框架重組，既有縱向的時代變遷，又有橫向的全球聯繫。這正與當前一〇八歷史課綱所提出的理念不謀而合，亦即注重空間（區域）的歷史思考，非常適合做為第一線中學教師補充一〇八歷史課綱的知識點。特別值得一提的是，這套叢書採取與日本同步的翻譯速度，希望能夠在最短的時間內，將最新的研究成果推送到臺灣讀者手中。

歷史學的地貌會改變，新的歷史斷層地圖也會隨之產生。讀者可以發現，專業歷史知識生產已然轉變，大一統的歷史書寫文化業已瓦解。「歷史是過去與現在永無止盡的對話」，自從卡爾為歷史下此定義之後，過去與現在之間彷若有了一條光亮的通道。而這套「歷史的轉換期」叢書，正是另一道引人思索的靈光乍現。

導讀

世界史的第八世紀普世主義

臺灣大學歷史學系教授　甘懷真

我先談我理想中的世界史。這幾年來，我在許多場合說，所有的歷史都是世界史。過去一百多年來，我們歷史學家在歷史黑幕中拿著探照燈一步一步前進，即使遭譏瞎子摸象，但因為研究成果的累積，且使用了新科技（如電子資料庫等），終於有了正確的研究觀點與方法，其一就是世界史，即本書所稱的全球史。這個觀點與方法不是來自於學理的預設，而是積極豐富的研究成果。因為新的研究成果告訴我們，歷史上的人民早就通過社會關係的網絡而成一體了。人民彼此間交換著人力、物力、制度與技術。羅馬、伊斯坦堡、巴格達與西安間的交通網早就存在了，移民、商人、職人、傳教士往來其間。新石器時代後期與今天的差別只在於移動的頻率與速度，以及直接與間接而已。

若要問我過去三十年歷史學研究的大發現是什麼，就是歷史上的人是不斷移動，我們和我們的祖先都是移民之子。這個答案看似卑之無甚高論，但卻改變了我們的歷史像。過去我們基於民族主義史觀，相信民族國家自古以來就是由一個固有民族所組成，也是一個自立、自主的政治經濟單位。過去的歷史學當然也認為任一民族／國家在歷史上都與域外的文化交流，但忽視了這種交流其實是通過人群的移動才得以進行。人才是貨物、勞務、技術與制度的載體，將新文化攜入與攜出。故一個地區的文化變動的原因之一是新移民。我近年喜談「形成與重層」，即一個地域社會的人群在其外部形成，再於不同的時間點從不同方向移入，新人群攜入新文化，而成為在地文化的一部分。不同的人群在此地域社會中既鬥爭又聯盟，而出現重層的社會與文化結構，如統治者與隸屬民。

從世界史的觀點來看，這三十年來研究的突破點在中亞。中亞的範圍西至裏海，東至新疆，南至阿富汗，北連西伯利亞。至遲從三千年前開始，這裡就是文明演變的核心地之一，又做為橋樑連結其東西的二大文化圈，中國與西亞。就以宗教為例，這裡曾是佛教與基督教的核心地。只不過近世以來中亞成為伊斯蘭世界的一部分，做為中國與歐洲文明的異域，也很大程度阻斷了中國文明與歐洲文明的交通。這個事實也使學者忽略了在十二世紀以前，藉由絲路，歐亞大陸曾經共構了一個文化、經濟的網絡，網網相連。而隨著研究的推進，學者的視野更從西亞擴及地中海世界的歐洲與非洲，於是近年來有學者更進一步提出「歐亞非大陸」（Afro-Eurasia）概念，將一個更廣大的地理空間視為共同文化、經濟網絡所鋪成的歷史世界。

這本名為《歷史的轉換期》叢書，就是在此世界史的研究進程中的新業績。叢書監修者中負責中國／東亞史的岸本美緒教授是我在東京大學任教時的東亞歷史領域的主管，是我敬重的傑出學者，且今（2021）年甫榮獲福岡亞洲文化獎的殊榮，實至名歸。這一卷《七五〇年　普遍世界的鼎立》作者之一的妹尾達彥教授則是我多年舊識，是中國史學者中提倡全球史的代表。他所提出的諸理論，如前述的歐亞非大陸諸文明的比較研究，已成為一大型的研究項目，後勢可期。在本書編者三浦徹教授所寫的〈總論〉中也幾處引用妹尾教授的重要理論，請讀者參照。

做為一套世界史的叢書，它的寫作策略是找出世界史上的共同「轉換期」，探討在這段轉換期中各文明、國家歷史的共通與差異性，也就是作共時的比較研究。可想而知，學者對於歷史分期從來沒有共識，故爭議難免，我對本叢書的分期也有異議。但學術的本質就是眾聲喧譁，更何況是要建立一套世界史的架構。這種叢書的貢獻不在於它為個別的現象找到定論，而是提供全球視野下的比較架構。比較是必要的史學方法。歷史學其實沒有本國史與外國史的區別，因為人若從不移動腳步，永遠不會知道他所踩土地為何；若不探索世界，永遠不會知道本地的特色為何。

就第三冊《七五〇年　普遍世界的鼎立》而言，本書是設定第八世紀至十世紀時，歐亞大陸出現了幾個歷史世界，而以「普遍世界」做為共同點。所謂普遍世界，是指這幾個在歐亞大陸上的強大統一政權，都結束了四至七世紀的長期分裂與動亂，新政權都以一套新的身分制度與法律對待其人民，而將境內多元與複數的族群與集團均質化。這幾個歷史世界是儒教／佛教世界的東亞、伊斯蘭世界的阿拉伯、基督教世界的東西歐。歐亞大陸上的東西諸政權不約而同地以各自宗教中的普世主義（universalism）建構各自新的普世王權（universal kingship）。這樣的普世王權在第十世紀紛紛崩潰，宣告世界史上的古代結束。其後的演變可以歸納為從帝國到國家，譬如十一世紀以後的東亞就是諸國並立。但無論如何，古代帝國的普世主義所創造的人民的概念仍是政治原理。於是歐洲、阿拉伯世界與東亞的人民一直有國家，而在歐亞大陸之外的許多地區之人則是無國家的人民（a people without a state）。而當十九世紀西方帝國主義強權向世界發動征服之時，這類人民被定義為土著，也被視為野蠻人。

最後，容我以我的世界史理想，對本書的後續作點期待。這本書只作共時的比較，下一步可再觸及相互影響。如前述，中亞是中西交通的十字路口。在唐代，基督教與伊斯蘭教以各種形式進入中國，對於中國的政治與宗教都產生影響。歐亞大陸上的各文明間的普世主義的互動，是另一個可以期待的課題。

導讀

金角灣畔的潮起潮落

中興大學歷史學系助理教授　范姜士璁

這本《普遍世界的鼎立》是「歷史的轉換期」系列叢書的第三冊。本書所設定的年代是古典時代晚期（Late Antiquity）的末尾。[1] 在編排上，涵括伊斯蘭世界（第一章）、查理曼（Charlemagne, 768-814在位）等統治者治下的法蘭克王國（第二章）、拜占庭帝國（Byzantine Empire，以下簡稱拜占庭）（第三章），以及唐代中國（第四章）四個主題。以下的導讀由兩個部分組成：首先，將以君士坦丁堡（Constantinople）與拜占庭帝國為核心，檢視八世紀以來的變局與演進，分為（一）「七至八世紀的歐亞大陸（Eurasia）西側」，以及（二）「拜占庭的政治與文化疆界」兩個部分。[2] 第二部分將聚焦對本書內容，引用史料，以及參考書目的介紹。

七至八世紀的歐亞大陸西側

對歐亞大陸西側的眾多政權來說，八世紀中葉無疑是個充滿轉型、變動的年代。若以這套叢書上一冊《崩解的古代帝國秩序》的核心年代（五至六世紀）作為一個參考的基準。[3] 八世紀的歐洲，乃至於地中海世界的政治、社會與文化跟過去固然有著千絲萬縷的連結，卻也增添了許多新元素。

在西歐，自羅馬帝國晚期以來，日耳曼王國（Germanic kingdoms）林立各地的景況在八世紀已然不存。在往後的兩個世紀中，卡洛林王朝（Carolingian dynasty）的統治對歐洲各地產生深遠影響。[4] 在政治上，丕平三世／「矮子丕平」（Pepin III/ Pepin the Short, 751-768 在位）與查理曼將政權版圖往中歐、東歐以及南歐擴張，西歐與中、東歐之間自此有著更為密切的交流。在文化上，查理曼及其繼承人「虔誠者路易」（Louis the Pious, 814-840 在位）在位期間的「卡洛林文藝復興」（Carolingian renaissance）對政治、文化的影響更及於政權疆界之外。

若從拜占庭在義大利的首府拉溫納（Ravenna）搭船橫越地中海，無論向南航行至拜占庭非洲總督區（Exarchate of Africa）的首府迦太基（Carthage），抑或向東抵達巴勒斯坦的大小港口，所見的街道、建築等自阿拉伯部族的征服以來，已與查士丁尼一世（Justinian I, 527-565 在位）時代有著相當差異。在西亞，阿拔斯政權（Abbasid Caliphate）的建立象徵著阿拉伯世界統治集團，以及政治重心的更替與移轉，文化上，接下來的幾個世紀更是伊斯蘭文藝、科學發展的黃金時期。

如果八世紀中葉的地中海世界是張牌桌，拜占庭帝國無疑是資格最老的牌客之一——無論我們如何界定「拜占庭」的起始年代，定都君士坦丁堡的這個政權均已矗立東地中海達數百年之久。對拜占庭的統治階級來說，過去一百多年以來的日子並非順遂。從七世紀三〇年代起，阿拉伯軍隊自敘利亞沙漠（Syrian Desert）席捲敘利亞、兩河流域與巴勒斯坦等地。在君士坦丁堡城內，席哈克略一世（Herakleios I, 610-641 在位）以來的皇位之爭更澆熄了反攻與收復失土的可能。與此同時，巴爾幹與義大利半島亦逐漸脫離帝國掌握。在六世紀，拜占庭史家著作中的「匈人／匈奴」（Huns），以及東來的阿瓦爾人（Avars）等不僅襲擾多瑙河以南的眾多羅馬城鎮，更曾進逼君士坦丁堡。將近一個世紀後，保加爾人（Bulgars，又稱保加利亞人）在七世紀下半葉自黑海西側南下，統合了散居的斯拉夫人先祖們（Slavs），拜占庭的防線在東歐的勢力範圍自此向南逐漸退至愛琴海沿岸。在義大利，原居中、東歐一帶的倫巴人（Lombards）經朱利安阿爾卑斯山（Julian Alps）入主半島，[5] 建都帕維亞（Pavia），進而擴張勢力範圍，查士丁尼一世一統半島的努力在數十年間已然化為泡影。

既與拜占庭密切相關，又對歐洲歷史影響更為深遠的是羅馬教宗地位、[6] 角色的改變。做為使徒彼得與保羅的殉難地，羅馬主教的地位在基督教世界中自早期基督教時期即較多數城市尊榮。儘管如此，教宗地位的躍升實與義大利半島自六世紀以來的政治、外交情勢有關。古典時代晚期的主教不僅掌理教區（diocese）事務，更肩負眾多俗世（secular）任務。羅馬自不例外——五世紀時的利奧一世（Leo I, 440-461 在任）即已與其他羅馬權貴一同與阿提拉（Attila the Hun）交涉。此外，當帝國中央政府疲於因應西亞與東南歐軍事壓力而自顧不暇時，義大利半島的帝國臣民只能自求多福。[7] 從額我略一世（Gregory I, 590-604 在任）的時代起，教宗即多次代表羅馬，與敵人談判。隨著對在地事務的涉入，教宗與羅馬與義大利的連結漸深。另一方面，帝國對教宗的控制力道已漸漸不如以往。在七世紀中葉，君士坦斯二世（Constans II, 641-668 在位）因教義之爭逮捕瑪爾定一世（Martin I, 649-655 在任），在審判後流放至克里米亞半島，然而，查士丁尼二世（Justinian II, 685-695, 705-711 在位）時期的形勢已然不同：受命前往羅馬逮捕教宗色爾爵（Sergios I, 687-701 在任）的拜占庭將領不僅未能達成任務，面對失控的群眾與譁變的拜占庭駐軍時更僅能躲在教宗床下尋求庇護。

羅馬並未自此與君士坦丁堡分道揚鑣，因教義問題而迭生齟齬的雙方亦仍有和解的空間，教宗君士坦丁（Constantine, 708-715 在任）更於七一〇年造訪君士坦丁堡。儘管如此，利奧三世（Leo III, 717-741 在位）以來拜占庭的毀壞聖像運動（Iconoclasm）使雙邊關係再次緊張。與此同時，在倫巴人進逼羅馬下，教宗斯德望二世（Stephen II, 752-757 在任）數次遣使至君士坦丁堡尋求軍事支援。然而，羅馬的使者再一次地空手而歸。不得已的教宗只有另尋援軍，親身前往巴黎請求丕平之助——他是史上第一個造訪阿爾卑斯山以北的教宗。此舉不僅終結倫巴人的軍事威脅，更是卡洛林政權插手義大利與羅馬事務的重要一步。

縱使對西亞、巴爾幹與義大利領土的統治已不如以往，歷經將近一個世紀風雨飄搖的帝國仍有著一線曙光。在七一七至七一八年的君士坦丁堡圍城戰中，憑恃「希臘火」威力的拜占庭海軍再一次地守住君士坦丁堡。[8] 儘管確切配方早已失傳，這個自船首獸型噴射器噴出，伴隨巨響而猛烈燃燒的物質在往後的數百年中成為衛戍帝國的利器。這次失敗使伍麥亞政權（Umayyad Caliphate）擱置圍攻君士坦丁堡的野心。儘管阿拉伯軍隊仍頻繁入侵小亞細亞，[9] 只要守住愛琴海、馬摩拉海沿海的城市與農業地帶，帝國的命脈仍得以續存。

拜占庭的政治與文化疆界

若純從政治、軍事角度來看，七世紀三〇年代以後的拜占庭早已不復往日榮光，在往後的兩百多年中，帝國的疆界在保加爾人、阿拉伯人等環伺下漸行萎縮。在吞併往昔為阿瓦爾人所據者後，保加利亞第一帝國（First Bulgarian Empire，以下簡稱保加利亞）已然成為巴爾幹半島的軍事強權。八一一年，尼基弗魯斯一世皇帝（Nikephoros I, 802-811 在位）為保加利亞可汗（Khan）克倫（Krum, 803-814 在位）所敗，死於瓦爾比卡山道（Varbica Pass），[10] 相傳皇帝的頭顱更成了可汗宴席上的酒盃。九世紀時，拜占庭與保加利亞邊界僅距阿德里安堡（Adrianople）[11] 不遠。在亞得里亞海以西，帝國於義大利半島的殘存領土時遭北非的阿格拉布王朝（Aghlabids）襲擊，[12] 西西里島更陷入與阿拉伯軍隊長達數十年的拉鋸戰。

然而，在文化上，拜占庭的影響力藉由傳教行動進一步擴張，從而及於有各自統治者，獨立於拜占庭的中、東歐政權。在半個世紀前，出身前蘇聯的拜占庭研究學者 Dimitri Obolensky 提出了「拜占庭共和」（Byzantine Commonwealth）的概念說明此一現象。[13] 從古典時代晚期起，基督教的傳播改變了歐洲的文化疆界。在過去，拉丁文書寫習慣僅存在於羅馬帝國境內。伴隨著基督教信仰與典籍的傳入，包括拉丁字母在內的書寫方式逐漸擴及至往昔羅馬帝國的疆界外。在西歐，拉丁字母為傳教士引介入盎格魯—薩克遜（Anglo-Saxon England）世界，在東歐，拜占庭傳教士更以新字母翻譯聖經與教儀（liturgy）書冊。在九世紀六〇年代，應摩拉維亞／大摩拉維亞（Moravia／Great Moravia）統治者之請，[14] 拜占庭皇帝米海爾三世（Michael III, 842-867 在位）指派基里爾（Cyril）以及美多德（Methodius）前往當地傳教。他們發明格拉哥里字母（Glagolitic script），將聖經等著作譯為古教會斯拉夫語（Old Church Slavonic）。數十年後，他們的子弟不僅於鮑里斯一世（Boris I, 852-889 在位）的時代起開始在保加利亞傳教，更於境內發明早期西里爾字母（Early Cyrillic alphabet，今日西里爾字母的前身）。自巴爾幹沿黑海東行，基輔羅斯（Kievan Rus'）的統治者弗拉基米爾（Vladimir the Great, 980-1015 在位）在十世紀末受洗為基督徒，拜占庭文化元素亦隨之傳入當地，名列世界文化遺產，位於基輔的聖索菲亞主教座堂（Saint Sophia Cathedral）即是最佳的例證。

拜占庭的歷史從九世紀中葉起逐漸邁向新的紀元：隨著攝政皇太后狄奧多拉（Theodora，邁克爾三世之母）罷黜持毀壞聖像立場的君士坦丁堡宗主教（Patriarch of Constantinople）約翰七世（John VII of Constantinople），第二次毀壞聖像運動於八四三年告終。八六七年九月，出身平民的巴西爾在政變後登基，是為巴西爾一世（Basil I, 867-886 在位），開創了馬其頓王朝（Macedonian dynasty）。[15] 儘管君士坦丁堡與國界在接下來的將近兩百年中絕非平靜無波，七世紀以來一路顛簸而行的拜占庭終將迎接文治與武功的黃金時代。

本書或許囿於篇幅與做為教科書的性質，未能囊括晚近對部分議題的研究成果。舉例來說，〈總論〉中提及比利時學者亨利．皮雷納（Henri Pirenne）的「皮雷納命題」（Pirenne Thesis），但並未述及此一論點自二十世紀以來的討論、挑戰與修正。[16] 其次，關於君士坦丁七世《帝國統治論》對眾多民族敘述的研究，有興趣的讀者則可參照 Anthony Kaldellis 在 *Ethnography after*

Antiquity: Foreign Lands and Peoples in Byzantine Literature. Empire and after 第四章的討論。《迪格尼斯．阿克里塔斯》是拜占庭文學重要著作之一，倫敦大學國王學院（King's College London）的 Roderick Beaton 在上個世紀九〇年代出版的研究成果詳見 *Digenes Akrites: New Approaches to Byzantine Heroic Poetry*，以及 *The Medieval Greek Romance* 兩本著作。最後，對於稅制與相關議題可參考 Angeliki Laiou 所編，*The Economic History of Byzantium from the Seventh through the Fifteenth Century* 當中的相關章節。

在強調「跨時代變遷」，以及「跨地區聯繫」現象的同時，這本《普遍世界的鼎立》的第一至第三章亦是聚焦某幾個面向的單篇介紹。對於古典時代晚期，抑或歐洲中古早期有著濃厚興趣的讀者，或可藉此對相關主題有更多的認識。第一至第三章使用了眾多各種文體（genre）、橫跨不同時代的史料，如《法蘭克王國編年史》、《卡洛林書信集》以及《迪格尼斯．阿克里塔斯》，這在同類型的著作中是比較少見的情形。對多數讀者來說，這些著作以及相關內容可能較為陌生。儘管如此，除了《迪格尼斯．阿克里塔斯》的故事外，幾位作者引用的史料，如塔努伊著作中的奇聞軼事，以及利烏特普蘭德（Liutprand）對於拜占庭皇帝寶座的描述頗為新鮮有趣，也非傳統的政治軍事事務，值得一讀。

這些細節並不影響本書的價值與可讀性。對筆者來說，全書最大的亮點在於第二章的「並存的世界」部分。在古典時代晚期，拜占庭、伊斯蘭與中古時期的西歐共為羅馬帝國的「三個繼承者」（three successor states）。在過去，或許因課本章節編排的關係，中古時期的歐洲與伊斯蘭文明往往分屬不同的章節。在這樣的情況下，我們不易想像上文的「繼承者」們儘管發展各異，彼此間的交流從未完全中斷。因此，第二章的作者以卡洛林政權為核心，對拜占庭與伊斯蘭政權互動細節的描述可讓讀者對當時的世界有更全面的認識。此外，本書第二、第三章聚焦統治機制與世界觀等課題，在相關討論在中文學界仍相對缺乏的情況下，讀者除了接觸相關主題，亦可試著跨越文明、政權間的界線，從不同角度思考中古早期的歷史。

本書附有各章的主要參考文獻，除了學界論著（包括日文著作）外，亦有少數一手史料。Patricia Crone 與 Robert Hoyland 皆為伊斯蘭研究極為重要的學者。讀者若有興趣，亦可參考 Hugh Kennedy 所著，一系列有關伊斯蘭文明的著作。Robert Hoyland 與 Hugh Kennedy 著作的翻譯（分別為《先知的繼承者：伊斯蘭最高領袖哈里發統治的國度》，以及《真主大道上：阿拉伯大軍征服與伊斯蘭帝國的創立》）近幾年已在臺灣出版。在拜占庭的部分，對於君士坦丁七世的詞條出自 Alexander Kazhdan 主編，全套共三冊的 *Oxford Dictionary of Byzantium*。七至九世紀史料的彙編另可參考 Leslie Brubaker 與 John Haldon 所編的 *Byzantium in the Iconoclast Era (ca 680–850): The*

Sources. An Annotated Survey，此外，君士坦丁七世的《典儀論》的英文翻譯亦已於二〇一二年出版（Byzantina Australiensia 系列的第十八冊），《軍區論》的英譯本則將在今（2021）年底由利物浦大學出版社（Liverpool University Press）出版。最後，George Ostrogorsky 的著作雖較易取得，但內容以政治史為主，年代亦已久遠，若讀者有興趣，則可參考 Averil Cameron 與 Peter Sarris 等人自二十一世紀以來的研究。

註釋

1 地中海世界介於古典時代與中世紀間的轉型時期（約西元三至八世紀），可參考 Hervé Inglebert, "Introduction: Late Antique Conceptions of Late Antiquity," in *The Oxford Handbook of Late Antiquity*, ed. Scott Fitzgerald Johnson (Oxford: Oxford University Press, 2012), pp. 3-5.

2 有興趣的讀者另可參照本書第三章所附表格「七至十世紀的地中海世界與拜占庭」有關重大事件與年代等細節。

3 《崩解的古代帝國秩序》一書中〈西歐世界的重組〉提到七世紀的部分有限（頁 135 至 137），但多數內容仍集中在五、六世紀。零星，而較晚的年代包括「神明判決」（Trial by ordeal，或譯神明裁判、神意裁判）在十三世紀的式微（頁 117），以及君士坦丁堡建築於八至九世紀的存續（頁 184）。

4 建立王朝的丕平家族（Pippinids，或作 Arnulfings）自「特垂之戰」(Battle of Tertry，今法國北部）發跡。時任奧斯特拉西亞（Austrasia）宮相的丕平二世（Pepin II,. c. 635-714，查理・馬特之父）擊敗勃艮第（Burgundy）與紐斯特利亞（Neustria）宮相，家族自此壟斷王國宮相一職。

5 位於義大利東北角與斯洛維尼亞一帶。

6 「教宗」一詞在本書涵括的時代並未出現，但為行文流暢，以下仍以「教宗」一詞指涉羅馬主教。

7 從古典時代晚期起，拜占庭的戰略向以西亞、巴爾幹地區為優先。

8 「希臘火」乃是由出身巴勒貝克（Baalbek），在阿拉伯人進逼下輾轉抵達君士坦丁堡的敘利亞工程師卡里尼寇斯（Kallinikos）在七世紀下半葉發明。

9 範圍約略等於今天的土耳其領土。

10 位於今日保加利亞境內，巴爾幹山脈（Balkan Mountains）中的山道。

11 今土耳其埃迪爾內／愛第尼（Edirne）。

12 位於今日阿爾及利亞、突尼西亞一帶的阿拉伯政權。

13 Dimitri Obolensky, *The Byzantine Commonwealth: Eastern Europe, 500-1453* (London: Weidenfeld and Nicolson, 1971).

14 位於捷克一帶，與東法蘭克王國（East Francia）相鄰的政權。

15 有關馬其頓王朝，讀者另可參考本書第三章「八至十世紀拜占庭帝國與馬其頓王朝的系譜」部分的細節。

16 相關討論的彙整，可參考 Bonnie Effros, "The Enduring Attraction of the Pirenne Thesis," *Speculum* 92.1 (2017), pp. 184-208.

寫在前頭

今日，諸如「全球史」等從廣闊視野出發、多面向思考世界歷史的史學日益盛行，我們希望能夠立足於最新的學術知識，針對各個時期的「世界」，提供一種新的剖析方式——本叢書就是依循這樣的思維而開展的企畫。我們列舉了堪稱世界歷史重大轉換期的年代，探討該年代各地區的人們過著怎樣的生活、又是如何感受著社會的變遷，將重點放在世界史的共時性來思考這些問題。此即本叢書的核心主旨。

從全球視野來嘗試描繪世界史的樣貌，在今天已經不是什麼稀奇的事，可以說本叢書也是歷史學界在這方面集結努力的其中一環。既然如此，那在這當中，本叢書的目標及特色又是什麼呢？在這篇〈寫在前頭〉中，我們將從幾個面向來試著敘述。

首先要討論的是「轉換期」＊一詞代表的意義。若從現在這個時間點回顧過去，每一個時期在「轉換」上的方向性，看起來都會是十分明確的；雖然因為地區不同，而有或早或晚的時間差異及個別的特色，但歷史應該還是會往一定的方向發展吧……？然而，這樣的看法卻很容易讓後來時代的人們在回顧歷史時，陷入認知上的陷阱。對於熟知後來歷史動向的我們而言，歷史的軌跡自然是

＊ 配合各冊敘述需要，會斟酌譯成轉換期、轉捩點、轉換關鍵等詞。

「只會朝這個方向前進」；既然如此，那如果「不從今天來回顧當時的社會」，而是嘗試「站在當時社會的立場來看未來」，情況又會變得如何呢？今天的我們，若是論起預測數十年後或數百年後的世界，應該沒什麼人有自信吧！這點對過去的人們來說，也是一樣的。綜觀當時世界各地人們的生活便會發現，儘管他（她）們深切感受到「世界正在經歷重大變化」，卻又無法預測這股推著自己前進的潮流將通往何處，因此只能在不安與希望當中，做出每一天的選擇。將這種各地區人們的具體經驗相互積累、結合後，歷史上的各個「轉換期」，便會在我們面前呈現出一副比起從今日視點出發、整齊劃一的歷史更加複雜，也更加活潑生動的姿態。

第二是世界史的「共時性」。本叢書的每一冊，都以一個特定的西元年分做為標題。對於這種作法，讀者理所當然會湧現疑問：儘管在這一年的前後數十年甚至數百年間，世界各地呈現了巨大變化，某種程度上也可看出一定的關聯性，但這樣的轉變會是在特定的某一年一口氣突然爆發出來的嗎？就算有好幾個地區同時產生了重大變革，其他地區也不見得就有變革吧？特別是，姑且不論日益全球化的十九、二十世紀，針對古代和中世紀世界史的「共時性」（synchronicity）進行推論，真的有意義嗎？當然，本叢書的編者與作者並不是要強硬主張所謂「嚴密的共時性」，也不是要對每一冊各章的對象僅就該特定年分的狀況加以論述。不僅如此，諸如世界史上的「交流」與「衝突」這類跨地域的變遷，以及在這之中肩負起重要任務的那些人，我們也不特別著墨；畢竟至少在十八世紀以前，絕大多數的人們對於自己生活的地區與國家之外發生了什麼事，幾乎是一無所知。而本叢書的許多章節裡，就是以這樣的普通人為主角。儘管如此，聚焦在特定年分、以此眺望世界各地狀況的作法，仍有其一定的意義——它開創了某種可能性，也就是不以零星四散的方式，而是透過宏觀的視野，針對當時各地區人們直接面對的問題，及其對應方式的多樣性與共通性進行分析。像是大範圍的氣候變遷與疫病，各個地區在同一時期，也可能直接面對「同樣的」問題。不只如此，也有像資訊與技術的傳播、商品的流動等，有著時間差而對世界各地產生影響的現象存在。然而，儘管問題十分類似，各地區的對應方式卻不相同；甚至也有因某些地區的對應，導致相鄰地區做出截然不同的對應態度。此外，面對類似的狀況，某些地區的既有體系因此產生了重大的動搖，但其他地區卻幾乎不受影響，這樣的情形也是存在的。當我們看到這種迥異的應對方式，從而思考為何會這樣的時候，便會對各個社會的特質產生更深一層的理解。儘管將生活在遙遠分離的地區、彼此互不相識的人們稱為「同時代人」，似乎不是件普通的事，但他（她）們確實是生活在同一時間、同一個「當代」（contemporary）的人們；我們所做的，就是讓讀者試著感受箇中的醍醐味。

第三個問題是，「世界史」究竟是什麼？今日，打著「全球史」名號的著作多不勝數；儘管它們都有著超越「國史」框架的共通點，採用的方法卻林林總總、不一而足。有的將氣候變遷、環境與疫病等自然科學方法納入研究取徑，來處理大範圍的歷史；有的利用比較史或系統論方法，將重點放在亞洲，對歐洲中心主義進行批判；此外，還有運用多語言史料的海域交流史，這種有時也被叫做「全球史」。雖然本叢書秉持「世界史的視野」，卻未必會使用「全球史」一詞，而是讓各位作者按照自己的方法執筆，在選擇探討對象上也抱持著開放態度。雖然稱為世界史，但本叢書並未採取將某個年代的世界分成好幾塊、然後對各塊分別撰寫概述的作法，而是在狹窄的範圍內，盡可能提供鮮明生動的實例。因此在每一冊中，我們並不見得徹底網羅了那個年代的「世界」樣貌。乍看之下，這樣的做法或許會讓人覺得是好幾個零星主題胡亂湊在一起，然而，我們也請作者在執筆時不將各冊各章的對象框限在一國或一地區之中，而是以面向世界的開放脈絡來處理它們。「世界」並不是像馬賽克一般集結拼湊，而是像漣漪一般，以具體事例為中心，不斷往外擴散又彼此重合；描繪出這些漣漪彼此碰撞接觸的軌跡，就是本叢書的特色。「世界史」並不是一大堆國別史綁在一起的集合物，也不是事先就預設出一個所謂「世界」這樣的單一框架；相反地，我們認為它是紮根於各個地區的觀點彼此碰撞、對話，而展現出的活潑鮮明姿態。

透過以上三點，我們簡略陳述了本叢書的概念。歷史的宏觀脈動，是上至大政治家和學者，下至庶民，由各個階層的人們共同摸索與選擇所形成的。本叢書的視野雖是全球性的，但並非從超越個別眾人經驗的制高點來鳥瞰世界史的全貌，而是試著從廣泛的、同時代的視野，去比較、檢討那些跟今天的我們一樣，面對不可預測的未來不斷做出選擇的各時代人們的思考和行動方式，從而以這樣的視角，對世界史上的「轉換期」加以重新思考，這就是我們關心的所在。透過這種嘗試，本叢書希望能將歷史發展中宏觀、微觀視角的交錯，以及橫向、縱向伸展的有趣之處，介紹給各位讀者。

本叢書的各冊構成如下：

第1冊　前二二〇年　帝國與世界史的誕生
第2冊　三七八年　崩解的古代帝國秩序
第3冊　七五〇年　普遍世界的鼎立
第4冊　一一八七年　巨大信仰圈的出現
第5冊　一三四八年　氣候不順與生存危機
第6冊　一五七一年　白銀大流通與國家整合
第7冊　一六八三年　近世世界的變貌
第8冊　一七八九年　追求自由的時代
第9冊　一八六一年　改革與試煉的時代
第10冊　一九〇五年　革命的浪潮與團結的夢想
第11冊　一九一九年　邁向現代的摸索

各冊除了每一章的主要敘述外，還收錄了簡短的補充說明「專欄」，開頭也編入概觀全書樣貌的「總論」。除此之外，扉頁設有地圖，書末附有參考文獻，希望能對各位讀者有所幫助。

「歷史的轉換期」叢書監修　木村靖二、岸本美緒、小松久男

歷史的
轉換期

03

750年
普遍世界的鼎立
普遍世界の鼎立

Turning Points in World History

總論　普遍世界的鼎立

三浦徹

普遍世界的鼎立

西元六二二年，穆罕默德與七十餘名信徒遷往麥地那（即聖遷，又稱希吉拉，Hegira），跟當地居民締結契約，建立了伊斯蘭國家（Ummah，又稱烏瑪，意為社群、國家）。最初這國家只是個微不足道的存在，然而一百年後的八世紀初，它卻征服了西起伊比利半島、東至阿富汗的廣大疆域。在阿拔斯王朝（七五〇—一二五八年）的統治下，它建立完整的中央集權行政機構與伊斯蘭法（沙里亞），形成了一個囊括各種民族、語言、階級的伊斯蘭普遍世界。此一轉變的契機是名為「阿拔斯革命」的政治運動，當時諸多勢力對伍麥亞王朝（六六一—七五〇年）的統治感到不滿，便以「正統領導者」為理念，聯合推翻伍麥亞王朝。七六二年開始建設的首都巴格達，不僅是連結印度洋與地中海的樞紐，更成長為號稱百萬人口的巨大城市（megalopolis）。

這個超越特定民族的伊斯蘭普遍世界，其出現及擴張對全球各地域造成衝擊，進而促使地域重組。在西歐，法蘭克王國宮相查理・馬特（Charles Martel，鐵鎚查理）於圖爾戰役（七三二年）遏止了伊斯蘭勢力入侵，七五一年其子丕平（Pepin the Short，矮子丕平）即位，在羅馬教宗支持下建立卡洛林王朝。八〇〇年查理曼（Charlemagne）獲羅馬教宗加冕稱帝，同時廣納有識之士，復興拉丁語，帶起卡洛林文藝復興的文化潮流。至於近東的拜占庭帝國，則以軍事力量防堵伊斯蘭勢力入侵，雖因教義問題而持續聖像破壞運動（始自七二六年一連串禁止膜拜聖像的諭令），但亦與羅馬教宗維持外交關係；九世紀後隨著與斯拉夫諸民族間頻繁通商，令其改宗基督教，君士坦丁堡也重現榮景。八八二年基輔羅斯（基輔大公國）的建立及基督教化，促進了俄羅斯希臘東正教世界的形成。皇帝君士坦丁七世（Constantine VII）於十世紀中葉撰寫的帝國統治論述書籍，彰顯皇帝身為統御諸民族的「世界支配者與救濟者」雄姿。日後歷史學家亨利・皮雷納（Henri Pirenne）提出所謂的「皮雷納命題」*，認為伊斯蘭勢力入侵地中海地域造就了今日的歐洲世界。姑且不論此一觀點是否正確，但這次入侵無疑對歐洲的形成造成了強烈衝擊。

在東亞，唐朝（六一八—六九〇年，七〇五—九〇七年）統治期間進一步昇華了南北朝制度文化，形成以律令、官僚制度、漢學及儒教為基礎的普遍世界（中華世界），疆域擴及蒙古、西藏及中亞，七五一年更在怛羅斯河畔與阿拔斯王朝交戰。雖然最終唐朝戰敗，但據傳當時造紙術透過中國俘虜傳至西方，預示了伊斯蘭與中華兩大世界的交流。將首都機能集中在長安的唐玄宗，於七五一年正月動員全市舉辦了盛大的活動。當時長安是一個齊備了巨大複合國家的世界主義及普遍性的空間。雖然經過七五六年的安史之亂後，唐朝疆域僅剩中國本土，但周邊諸民族固有的政權及文化仍不斷成形。十至十一世紀後的歐洲和伊斯蘭世界也是同樣情形。

雖然本書主題設定為八世紀三大普遍世界（歐洲基督教世界、中東伊斯蘭世界、中國佛／儒教中華世界）的鼎立，不過這三者皆是在古代秩序崩毀後，歷經漫長的歲月才演變而成，而且也不是各自獨立成形，因此本書也將探討三者之間（同時代）的共通性與相互影響。因此，接下來在探討統治邏輯的同時，也會把重點放在各地區的居民如何運用普遍原理（宗教、法律、制度）來經營政治、文化與經濟。

游牧民族大遷徙與農牧複合國家的出現

本書作者之一妹尾達彥從四到七世紀歐亞大陸游牧民族的大規模遷徙，以及隨之成立的農牧複合國家角度切入，來解釋出現在八世紀的三大普遍世界鼎立局面。以下引用妹尾當初撰寫的本書第四章序論（內容經部分修改，完整論述請見妹尾《全球史》，中央大學出版會，二〇一八年）。

＊出自一九三七年出版的《穆罕默德和查理曼》（*Mohammed and Charlemagne*）。他提出若無穆罕默德，便難以想像查理曼的存在。

三到七世紀間歐亞非大陸游牧民族的大遷徙，成為羅馬、波斯以及漢帝國等歐亞大陸古典國家解體的遠因。尤其是四到七世紀，以歐亞非大陸北緯三十至四十度地帶為主要舞台，游牧民族的遷徙成了人群與文化的大規模移動。

游牧民族遷徙的主因為四至五世紀氣候寒冷、乾燥化，使得游牧民族拋下枯竭的牧地，帶著家畜南下農業地區。歷經四到七世紀的變動，位於農業地區北端北緯三十五度左右的區域，轉變成農業、游牧與畜牧並存的農牧複合地帶。以歐亞大陸東部的關中平原為例，原本為農業地區的關中平原，在游牧民族攜帶大量家畜遷入後，便轉為農牧複合地帶。

憑藉著騎兵壓倒性的軍事力量征服農業地區後，為了統治游牧及農業兩塊地區，這些游牧政權打造了全新的「農牧複合國家」(agropastoral states)，並將政權據點置於農牧交界地帶或鄰近的農業地區。

在歐亞大陸西部，西羅馬帝國（西元前二七—西元四七六年）滅亡後，半農半牧的日耳曼民族法蘭克人建立法蘭克王國（四八一—九八七年）。大陸中部則是波斯帝國（薩珊王朝，二二六—六五一年）覆滅，阿拉伯游牧民族統治〔領袖稱為哈里發（Khalifa）〕的伍麥亞王朝繼而興起。至於大陸東部，歷經漢帝國（東漢，二五—二二〇年）滅亡、三國（魏、蜀、吳）及西晉（二六五—三一六年）、五胡十六國時代（三〇四—四三九年），最終由游牧民族鮮卑的北魏（三八六—五三四年）統一中國華北，繼而誕生了隋（五八一—六一八年）與唐。

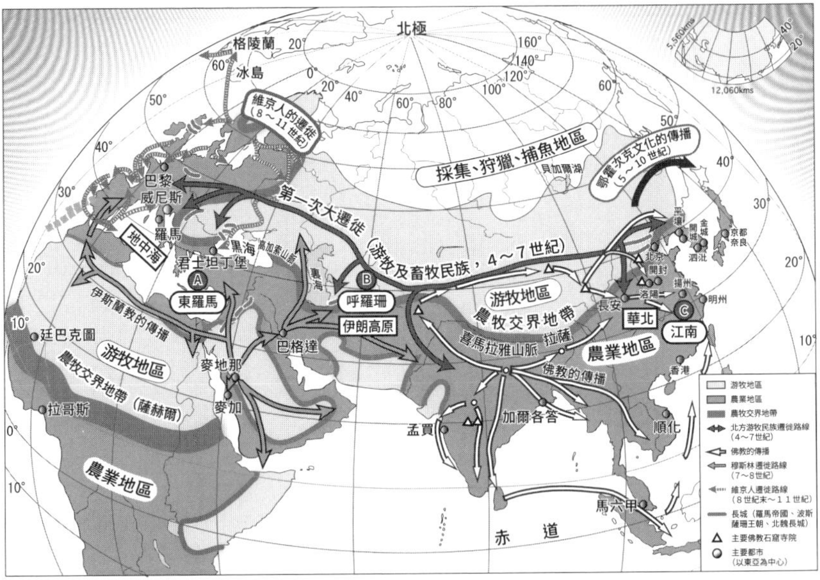

民族大遷徙時期（4-7 世紀）

地中海 伊朗高原 華北……鄰接農牧交界地帶的三大古典文化圈政權根據地

Ⓐ東羅馬 Ⓑ呼羅珊 Ⓒ江南……直接繼承上述三大政權根據地古典文化的地區。

九世紀後，這三個地區成為上述三大古典文化圈的文藝復興運動發源地。

出處：妹尾達彥〈英國眼中的亞洲都市〉，靜永健編《孕育自大海的日本文化》（東京大學出版會，2014）。根據第 72 頁地圖修改。

法蘭克王國衍生出今日的西歐各國（法國、德國、義大利等國），伍麥亞王朝及阿拔斯王朝的統治體制成為今日伊斯蘭各國的雛形，唐及周邊東亞國家則演化為現今的東亞各國。當今世界的宗教圈和國際關係，皆是自七到八世紀的這些基礎衍生而成。

農牧複合國家由入侵農業地區的游牧／畜牧少數民族統治，與原本居住當地的農業多數民族互為主從關係。此外，由於游牧和農耕的生產方式不同，出身部落、生活習慣、歷史傳統也相異，使得人們容易產生集體衝突，農牧複合國家內部的關係遠比始自西元前一千年的古典國家時期更為複雜。在這種情況下，孕育出凝聚人心的宗教、具有普遍性的律法行政，以契約為基礎的商業慣例、農耕畜牧相輔相成的畜牧農業、以農牧複合地帶為中心發展的軍事組織（研發供騎馬使用的盔甲及重裝騎兵軍團組織化）、重視能力的人事制度等等，形成新的政治與社會秩序。

農牧複合國家的都城必定是世界宗教之都，也是多元文化的國際城市。隋唐時期的長安不僅是坐擁超過百座佛教大寺院的佛教之都，同時也兼容其他宗教（儒教、道教、祆教、摩尼教、基督教、伊斯蘭教等等），既是法律與政治中心，亦為象徵世界普遍性的城市。同時代的巴格達也是如此。

不過在歐亞大陸西部，法蘭克王國的主要城市圖爾奈、巴黎、亞琛規模太小，東羅馬帝國（一四五三年滅亡前稱為羅馬帝國，近代西歐歷史學者也稱作「拜占庭帝國」）都城君士坦丁堡（今日的伊斯坦堡）才是大陸西部的代表性城市。

筆者基本上贊同前述妹尾的論點。另外，本書討論的四個國家與日本的制度對照表也列於後方。

這五個國家（包含日本）皆由特定民族（部落）出身者世襲君權，為了統治多元化的民族（集團），勢必需要凝聚人民的共通原理。首先，雖然統治者（國王）稱呼各有不同，卻都是宗教權威（神或上天）委以統治人間大任者，因此若在治理上違背理念，統治者便將遭到罷黜。第二是統治的兩大支柱，軍人與官僚。雖然身為開國元老的民族、部落或氏族掌有軍事大權，但具備軍事長才者亦可透過徵兵制被錄用為職業軍人。行政事務由貴族和軍人負責，而後演變出專精法律及文書行政的官僚（文官）。第三是土地稅制。在伊斯蘭、中國和日本的理念中，所有土地皆為國家或國王所有，平等授與臣民耕作的權利，並依耕作面積承擔土地稅〔租、哈拉吉（Kharaj）〕，按人數課徵人頭稅〔庸調、吉茲亞（Jizyah）〕。第四是制定適用於全體人民的法律，確立秩序和行政基礎。例如六世紀拜占庭皇帝查士丁尼一世（Justinian I）下令編纂以羅馬帝國法律為基礎的《查士丁尼法典》（*Corpus Juris Civilis*），與基督教的教會法（Canon Law）並稱雙璧；法蘭克王國在八世紀後期進行法令的整頓改革；伊斯蘭教法〔沙里亞（Sharia）〕是一套神授教法；中國和日本則奉君命制定律令，經學者整理後成為君王、貴族、百姓皆須遵守的規範。第五是成立宗教，做為統治者、軍人、官僚和臣民皆須遵從的生活規範。基督教、伊斯蘭教和佛教的共通特徵是具有普遍性，超越民族部落、身分階級和職業等藩籬，人人皆可從中獲得生命指引。

	法蘭克王國（西歐）	拜占庭（東歐）	伍麥亞・阿拔斯王朝	唐（中國）	大和政權・律令國家（日本）
統治者（君主）	（羅馬）皇帝	（羅馬）皇帝	哈里發	天子（皇帝）	天皇
軍事	伯國制（Comitatus，扈從隊制度）等	軍區制（Themes）	阿拉伯兵 ↓ 哈里發軍 ↓ 奴隸軍人	府兵制（徵兵制）	部落軍 ↓ 軍團士兵（徵兵）制
土地制度	大土地所有制（領主與持有土地之農民）、自由農民、恩地（Precaria）	自由農與采邑（Pronoia）、大土地所有制（俗人、修道院等）	土地國有（法伊）	均田制	班田收授（口分田制） ↓ 墾田永年私財法 ↓ 莊園制
稅制	實物租貢與直營地賦役等（無一般租稅）	定率稅（生產方式價值的二十四分之一）	哈拉伊（地租）、吉茲亞（人頭稅）	租庸調 ↓ 兩稅法（780年）	租庸調制
官僚（行政）	伯、國王巡查使、宮廷聖職者等	文官（知識分子）和武官	底萬制（Diwan）	（九品制） ↓ 科舉制	氏姓制度 ↓ 位階制、太政官制
法律	部落法典、羅馬法、教會法	羅馬法	沙里亞	律令格式（唐律）	律令格式
宗教	天主教	希臘正教	伊斯蘭教	佛教、儒教、道教	神道、佛教、儒教

各國制度比較（以 7-9 世紀為中心）

伊斯蘭國家（阿拔斯王朝）與日本

筆者曾比較中國社會與伊斯蘭社會，指出兩者皆具備擁有絕對權威的統治者（天子、哈里發）、宗教知識階層〔士大夫和烏理瑪（Ulama）〕，以及私有制等三大共通點〔三浦徹，〈伊斯蘭地域研究的起步〉，一九九七年；〈都市居民的敘述與記憶〉，二〇一五年〕。在造紙術西傳之前，中國和伊斯蘭地區便已透過海路及陸路相互接觸交流，然而相較於交流帶來的影響，兩者的共通性更應歸因於個別社會文化的基本結構。以下將比較八世紀末曾直接交流的伊斯蘭世界與日本，藉此探究世界史上八世紀所出現的共通性之意義。

六一〇年先知穆罕默德蒙神啟示，在阿拉伯半島的麥地那及麥加建立統一的穆斯林共同體（烏瑪、伊斯蘭國家），在此之前阿拉伯社會的政治、經濟與宗教皆是以部落為單位。穆罕默德死後，被選為後繼者（哈里發、代理人）的巴克爾（Abu Bakr，五七三—六三四年）宣告將同時遵循神諭《古蘭經》(*al-qurʾān*) 及穆罕默德的言行錄《聖訓》(*al-hadīth*) 進行統治，即遵循伊斯蘭法治國。不過關於統治者（哈里發）應由何人擔任的問題，由於遴選方式無定則可循，導致兩度發生內亂（內戰），最後由贏得勝利的伍麥亞家族樹立哈里發世襲的慣例。另一方面，阿拉伯人在稅制上的優待違反伊斯蘭信仰的信徒平等原則，於是諸多不滿分子組成革命軍推翻伍麥亞王朝（七四九—七五〇年），推舉阿拔斯家族就任哈里發。在阿拔斯王朝統治下，秉持信徒平等原則的軍事、稅制、土地制度及伊斯蘭法體系逐漸成形。從七世紀中期至九世紀，可視為其由部落國家社會轉變為多民族的統一法治國家的過程。

同一時期，日本（列島）也經歷了從部落社會轉變為統一法治國家的變革。在六世紀之前，以畿內*為中心的大和政權由大王（ōkimi）授與中央及地方豪族臣、連、直等姓，並任命為大臣、大連或國造，參與中央及地方政治（即氏姓制度）。而在豪族之下又有名為「部」的集團組織，負責軍事、祭祀等國家事務。上述地位與職務皆由豪族世襲。這種情況類似伊斯蘭國家之前的阿拉伯部落社會。

在推古天皇（女帝，五九三—六二八年在位）攝政期間，廄戶王（聖德太子，五七四—六二二年）一改先前的氏姓制度，於六〇三年制定冠位十二階，不僅將冠位授與個人，也提供晉升機會。六〇四年公布的十七條憲法顯示其政治理念，如「以和為貴，無忤為宗」（第一條）、「篤敬（佛教）三寶」（第二條）、「背私向公，是臣之道矣」，藉此向豪族講述為官之道。

六四五年，中大兄皇子（天智天皇）與中臣鎌足罷黜蘇我氏，著手進行名為大化革新的國政改革。隔年頒布四條「革新詔書」，包括「廢除臣、連、伴造、國造、村首所有部曲民及各處田莊（私有田）」、「初修京師，設畿內國司、郡司、關塞、斥候、防人、驛馬、傳馬，（中略）平定天下」、「初造戶籍、計帳、班田收授法」、「廢舊賦役，行田調」，宣布改天皇及豪族領地的部曲民為公地公民，以戶為單位分配土地（口分田）及徵稅，來打造中央及地方行政組織。上述內容出自八世紀的紀錄，儘管經過後世潤飾，仍足以見其理念。

隨後天智、天武、持統三位天皇在壬申之亂（六七二年）肅清豪族，樹立以天皇為中心之政治體制，並編列戶籍，頒布第一部法令（《飛鳥淨御原令》，六八九年）。六九〇年又依循《淨御原令》完成《庚寅年籍》，訂立往後戶籍每六年一造的制度。人民編戶後便據此配給口分田，但不得買賣，死後則須充公（即班田制）。全國廣施一里五十戶的行政制度，在此編制下每戶平均有四名正丁（成年男性），為課稅及徵兵單位。十七條憲法可類比為宣誓奉行伊斯蘭教義立國（烏瑪、社群）的《麥地那憲章》（*Ṣaḥīfat al-Madīnah*，六二二年），革新詔書的各條文則可跟伍麥亞王朝的地方統治制度（總督、驛傳制）及稅制改革（哈拉吉和吉茲亞）互為對照。之所以迅速推動這些改革，主因跟東亞整體的政治變動有關。隨著六一八年興起的唐帝國日益強盛，朝鮮半島三國的抗爭也越演越烈，六六〇年唐和新羅聯手消滅百濟，高句麗也於六六八年滅亡。雖然六六三年日本（倭國）企圖派兵復興百濟，卻在白村江敗給了唐和新羅聯軍。面對如此緊張的國際情勢，這才有了集中權力的必要。

八世紀日本確立了律令制的國家制度。七〇一年在刑部親王（天武之子）的率領下，包含鐮足之子不比等在內的十九名成員完成了《大寶律令》。律令國家奉天皇為君主，由天皇欽賜豪族（貴族）高位，這些豪族再依循引自中國的制度（律令制）統治土地人民。豪族封位的同時亦被授予官

＊指古日本首都周邊五個小國，又稱五畿，約莫現今京都、大阪、奈良一帶。

職，並依位階及官職發配薪餉、位田和職田，而藉由蔭位制度世襲與父祖輩相仿位階者便為貴族。中央設有太政官，政務由八省共同分擔。國土劃分為五畿及七道，並設置行政組織國、郡、里，中央派任的國司負責指揮郡司處理地方政務。透過戶籍與計帳（課稅資料登記冊），國家可授與人民土地，徵收賦稅，對違規者開罰，建立起直接統治臣民的體制。事實上，八世紀中期的木簡和文書內不時可見郡中官吏處理稅務的敘述。在這些法務行政的改革與實行上，自朝鮮半島渡海而來歸化日本者（歸化人、渡來人）扮演了重要的角色。編纂《大寶律令》的成員多為歸化人的子孫，另外他們也參與了政府文書、徵稅、出納、外交等業務。根據九世紀開始撰修的《新撰姓氏錄》記載，居住在京畿的氏族約有三成屬於歸化人系譜，可見東亞人口的移動對日本國制改革助益匪淺。

至此，正統化天皇統治權威的祭祀與儀節已然完備。天皇被奉為天照大神的子孫。天皇與皇祖神共進初穗的新嘗祭，以及即位時的大嘗祭，在壬申之亂後成為國家重大儀典。另一方面，隨著佛教傳入並成為鎮護國家的宗教，國內開始興建寺院，此外也撰修《古事記》及《日本書紀》，將天皇家的統治由來納入史冊。在對外關係上，遣隋使與遣唐使引進中國律令、政治制度及佛教等，並由歸國學者與僧侶組成政權顧問團。六〇七年遣隋使稱天皇為「日出處天子」，七〇二年遣唐使更使用國號「日本」。而後與《懷風藻》（漢詩選集）同時編纂的《萬葉集》更為日本奠定了廣闊的文化基礎。

八世紀之前，日本從中國引進儀禮、律令、佛教，建立了名為律令制的國家統治制度。另一方面，同時期的阿拔斯王朝推翻阿拉伯的伍麥亞王朝後，便奉哈里發為地上萬民的君主，建立了以伊斯蘭法治國的國家體制。在土地及稅制上，日本的口分田配給及相應稅制也類似阿拔斯王朝（伊斯蘭國家）授予農民公有土地〔法伊（fay'）〕耕作權，由耕作者負擔地租及人頭稅。八世紀的日本和阿拔斯王朝有不少相似之處。以下將進一步討論律令及伊斯蘭法確立的過程。

律令與伊斯蘭法

中國在唐代將法律文書區分為律、令、格、式四類。律令格式完成於唐朝開元年間，其中律為刑法，令則是行政法與民法。然而律令格式最終失傳，僅留下後世編纂的《唐律疏議》及《唐令拾遺》。格為臨時法，式為次要的施行細則，兩者亦已佚失，僅存部分資料記載。

尚未仿效唐制定律之前，日本便已頒布憲法十七條（六〇四年），撰修《近江令》（六七一年，另有不成立一說）及《飛鳥淨御原令》（六八九年），因此得以迴避中國律令的嚴刑峻罰主義，建構以冠位十二階為首的冠位與宮廷禮儀，務求以儒家之「禮」統率臣民。中國有《開元禮》規範合乎禮的言行舉止（儀），日本則有「令」及明列相關細則的「式」。兩者收錄於《延喜式》（九二七年完成，九六七年施行），而《內裏式》（八三三年完成）則為禮儀規範總集。另外，平安時代也編纂了儀式書。

《大寶律令》和《養老律令》原文皆已失傳。《養老律令》收錄於其註釋《令義解》（八三三年），以及編纂於九世紀中期集各學說之大成的《令集解》之中，後者亦可還原《大寶律令》的全貌。格與式的規定持續審視和修改，以八四〇年施行的《弘仁格式》為首，與《貞觀格式》、《延喜格式》合稱三代格式。惟三者皆未流傳下來，只有按事項類別重新編纂做為禮儀和行政綱引的《類聚三代格》（成書於十一世紀），以及規範宮中儀式和禮儀的《延喜式》，這兩者才是日後廣傳的禮法。雖然日本律令承襲自唐代律令，然亦加入天皇祭祀與僧侶相關之令，將日本的慣習法制度化。日本與中國律令最大的差別在於中國皇帝超脫律令之外，而日本天皇卻受律令限制。

如同前述，律令國家的政治、行政、儀典並不是以律令本身做為基準，而是依循九世紀撰修的格式，以及令的註解來運作。歷經平安時代和鎌倉時代，律令同樣透過法令解釋來應對社會變遷。負責解釋法令的是名為明法家的律令專家，由坂上和中原兩家世代擔任此職。在院政期*以後，一旦發生訴訟或紛爭便徵詢明法家的意見，並擬出意見書「明法勘文」。雖然有時各家學說出現分歧，但在中世紀之後，便可藉由重新解釋律令來革新法律。另一方面，武家則以《御成敗式目》（一二三二年制定）做為規範。

比較日本（古代）法和伊斯蘭法的形成，可以發現一些共通性（相似點）。首先是對法律的看法。伊斯蘭法在阿拉伯語稱作沙里亞，原意是「通往水源之路」，奉《古蘭經》為真主制定的真理，是眾人應當遵循的圭臬。法律內容涵蓋人類生活所有範疇，包括禮拜、布施、斷食、巡禮、喪葬制度等儀典規範〔五功（'ibādāt），即穆斯林對真主應盡的義務〕，以及婚姻、繼承、買賣、審判、刑罰等人際規範（mu'āmalāt）。如同日本律令包含了禮與法兩面，沙里亞也兼顧了宗教（倫理）與涉及現世的法律。

接著來探討法律是如何制定的。伊斯蘭法為真主親授，真主透過先知穆罕默德對眾人口頭講述的《古蘭經》即是。另一方面，由於穆罕默德死後真主不再給予啟示，《古蘭經》未盡之處便以穆罕默德的言行錄（聖訓）做為規範（聖行）。此外更將依循《古蘭經》及聖訓的伊斯蘭社會共同意見〔伊制瑪爾（Ijmā），指法學家的共識〕定為第三法源，又將衍生自《古蘭經》及聖訓的類推論證（Qiyas）定為第四法源。沙里亞名義上雖為神授法，實際上卻是經由法學家解釋而成的法律（實證法）。這樣的法律也不是成文法（法典），而是由法學家分門別類作出註解的「法學書」。伊斯蘭法在十世紀確立了學說基礎，之後法學家仍持續因應社會變化，針對未明文規定之問題以理性尋求（創造）新的法律解釋，此外除了編寫法學書（註解），他們亦針對個別案件提出被稱為法特瓦的意見書。沙里亞就這樣一直存續下去，依循法學家的解釋做實際應用，直到十九世紀後才徹底被成文法所取代。另一方面，日本古代法律雖以中國律令禮制（五經周禮）做為規範（法源），

＊指平安時代末期由上皇或法皇代理天皇執政的政體。

並編纂法典（律令格式），九世紀後實際使用的卻是法學家（亦為儒學家）撰修的法令集成（《類聚三代格》）和註解。這些法律解釋同時參考了明律和清律，一路沿用至江戶時期，直到十九世紀後期明治維新，律令才正式廢止。

日本（律令國家、平安時代）和伊斯蘭帝國（阿拔斯王朝）分處歐亞非大陸的東西端，建立了依法平等統治萬民的君權神授體制。一君萬民同樣接受具普遍性的宗教及法律所約束，由學者及知識分子（文官）負責編撰。阿拔斯王朝自七六二年起建設首都巴格達，命名為「平安之都」（Madina al - Salam）；而七九四年，日本這個律令國家也將遷都後的新都命名為「平安京」。雖然純屬偶然，卻足見兩國皆以「平安」做為統治理念。不僅如此，唐朝的長安有「長治久安」的涵義，而如菊地重仁於本書所述，查理曼時期的統治基準之一也正是「pax et comcordia」（和平與和諧）。

當時阿拔斯王朝與日本並未直接交流，在統治體制上仍出現這些共通性，主因雖然還是各別國情使然，但也顯示出兩者在方向（普遍化）上的一致性。

另一方面，這些成立於歐亞非大陸的普遍世界及一統國家，後來皆因挾著軍事力量支配土地的地方勢力（政權、領主）崛起，使得君王的絕對性與萬民的平等性受到動搖。十世紀後，伊斯蘭世界轉變為由哈里發、烏里瑪與軍人共治的政體，與歐洲基督教世界的教宗與王權，以及日本天皇與幕府政權共存的體制皆有相似之處。人民以家族為基本單位，依據地緣或職業歸屬於各社會團體，進而維生納稅，鞏固自身財產及名譽。十世紀伊拉克法官塔努伊所彙集的《逸聞錄》*便生動描述了人民與行政官（法官、公證人、徵稅官）之間爾虞我詐的景象。不過，宗教和法律仍持續因應社會變化修正其解釋及適用性，藉此維持體制。

在這樣的意義下，八世紀奠定的普遍世界原理與規範形塑了日後的社會架構，由此亦可見八世紀做為歷史轉換期的意義所在。

＊*Nishwār al-muḥāḍara*，日譯版取名為《伊斯蘭帝國夜談》（イスラム帝国夜話）。

第一章　伊斯蘭世界的出現

龜谷學

1　阿拔斯革命與哈里發爭奪戰

來自東方的黑衣集團

這年，波斯人入侵敘利亞，征服阿拉伯人，支配他們的土地。（中略）雖然阿拉伯人進軍至阿庫拉（即伊拉克中部城市庫法）附近，卻無法阻止波斯人，大多潰滅敗逃。波斯人搶走了阿拉伯人的武器、坐騎和財產，不過那是因為他們無代步工具，且手中僅有棍棒的關係。（中略）波斯人皆身著黑衣，故稱「穆沙瓦達（身穿黑衣者）」。

——轉譯自阿米爾·哈拉克（Amir Harrak）之英譯版《祖琴編年史》，頁一七八——一七九。

七五〇年，伍麥亞王朝最後的哈里發馬爾萬二世（Marwan II，七四四—七五〇年在位）被阿拔斯王朝軍隊追殺，死於埃及。此後阿拔斯家族取代伍麥亞家族，成為當時由伊斯蘭統治、以西亞與北非為中心的遼闊領土的最高領導者，開啟了所謂阿拔斯王朝時代。這一次的體制轉換俗稱「阿拔斯革命」。

開頭擷取自敘利亞史書《祖琴編年史》（*The Chronicle of Zuqnin*），是現存關於阿拔斯革命的描述中最古老的史料。這本編年史約莫於七七五年後不久成書，因此幾乎可以確定作者親身經歷過伍麥亞王朝轉變為阿拔斯王朝的時局。記述中「阿拉伯人」指的是伍麥亞王朝軍隊，「波斯人」則是自伊朗東北呼羅珊（Khorasan）一帶進攻伊拉克的軍隊，也是奠定阿拔斯王朝政權的推手。

歷史學家莎朗（Moshe Sharon）深入探討阿拔斯革命的研究專著《來自東方的黑旗》（*Black Banners from the East*）中提到，阿拔斯革命往往與「黑」的形象結合，後世亦將黑色視為伊斯蘭先知穆罕默德的代表色，成為各種運動的象徵。令人記憶猶新的一個例子是二〇一四年起占領伊拉克及敘利亞境內領土的伊斯蘭國（Islamic State，簡稱ＩＳ），黑色的國旗上印著顯眼白字「穆罕默德乃真主使者」，是仿效疑為後世才出現的「穆罕默德之印」。

此印跡出現在疑為後世製作的「穆罕默德書信」信末，由於與初期伊斯蘭時代的哈里發印鑑相似度不高，一般認為不太可能是穆罕默德實際留下的印跡。

七四九年，來自伊朗東北部的軍團鎮壓了伍麥亞王朝東部的伊拉克要塞地區後，阿拔斯家族的阿卜杜勒（Abu al-‘Abbas ‘Abdu’llah as-Saffah）以革命軍統帥之姿現身庫法的清真寺，宣告展開新的哈里發政權。後人尊稱他為薩法赫（As-Saffah，意為「慷慨之人」，七四九—七五四年在位）。直到蒙古人入侵之前，阿拔斯王朝的哈里發政權共經歷三十七代更迭，延續了約五百年之久。

伊斯蘭教及其統治體制起於創始者穆罕默德（六三二年去世），歷經繼承者所領導的正統哈里發時代及伍麥亞王朝後輪廓逐漸明確。到了阿拔斯王朝時，卻出現了其他許多延續至今的基本要素。而造就這種情況的正是「阿拔斯革命」。

圖 1-1　穆罕默德之印

此印跡出現在疑為後世製作的「穆罕默德書信」信末，由於與初期伊斯蘭時代的哈里發印鑑相似度不高，一般認為不太可能是穆罕默德實際留下的印跡。

圖 1-2　伊斯蘭國國旗

「阿拔斯革命」被認為是伊斯蘭早期歷史上最重要的轉捩點，日本伊斯蘭史學者嶋田襄平更直接稱之為「阿拉伯帝國轉變成伊斯蘭帝國的關鍵」。細節上的解釋依論述者而異，但基本觀點是，之前伍麥亞王朝在統治上往往偏重征服者的阿拉伯「民族」，阿拔斯王朝之後則逐漸轉變為廣納阿拉伯人以外的伊斯蘭教徒（穆斯林）的社會。這樣劃時代的變化，正是阿拔斯革命所追求的。威爾豪森（Julius Wellhausen）的古典研究《阿拉伯帝國及其衰亡》（*The Arab Kingdom and its Fall*）中指出，伍麥亞王朝的滅亡與阿拉伯部落內部抗爭，以及非阿拉伯改宗者馬瓦里（Mawla）的待遇問題有著相當關係。阿拔斯革命做為轉捩點，造就了某種程度上穆斯林皆受平等對待的「伊斯蘭帝國」成立。這樣的觀點與之後阿拔斯王朝的「普遍性」與「國際性」特質相符，成為二十世紀主流的伊斯蘭早期歷史史觀。

本章以七五〇年為分界，第一節將檢視阿拔斯革命的背景與原委，並探討其意義，第二節將討論七五〇年阿拔斯王朝建立以來伊斯蘭社會的發展過程與影響，第三節則深入描繪伊斯蘭教於所謂古典時代晚期興起後深植社會的樣貌。

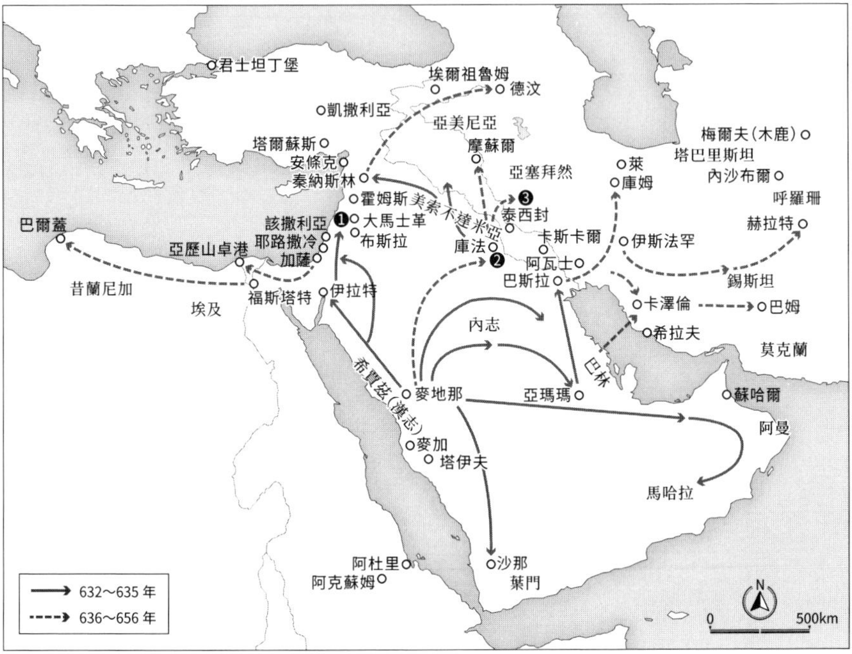

初期阿拉伯．伊斯蘭勢力的征服路線

伊斯蘭社群的繼承者「哈里發」

哈里發是伊斯蘭社群的領袖。簡單來說，阿拔斯革命就是哈里發之位從原本的伍麥亞家族轉移至阿拔斯家族的一連串過程。要理解阿拔斯革命因何而起，就必須回顧穆罕默德去世不久的那段時間。以下來探討「哈里發」是如何誕生，又為此發生了多少紛爭。

伊斯蘭教「創始者」穆罕默德活躍於七世紀初的阿拉伯半島西部。在那裡，穆罕默德建立以一神教信仰為主軸的社群，晚年更成為麥地那及麥加的統治者。依循宗教成立的社群在伊斯蘭世界稱為「烏瑪」，相當於今日伊斯蘭社群的原型。

穆罕默德取得政治上的成功，成為統治者，為後世伊斯蘭世界的型態帶來深遠的影響。他之所以能夠用統治者的身分採行各種措施，裁決人們之間的糾紛，是因為「伊斯蘭教」這個宗教在創立的同時，已然涵括了統治及政治層面。因此，往後伊斯蘭世界的動亂都會同時涉及政治及宗教層面，兩者無法分割。

六三二年穆罕默德死後，岳父巴克爾（Bakr，六三二—六三四年在位）成為阿拉伯語中的「哈里發」（Khalīfa），意即繼承者，成功凝聚了人心惶惶的穆斯林。哈里發一詞也成為日後泛指伊斯蘭社群領袖時最常使用的詞彙。後來該詞傳入西歐，讀音訛轉為「Caliph」，日語也沿用此讀音。由於當時並未留下相關史料，無法證實巴克爾是否自稱「哈里發」，不過他確實扮演了重要的角色。

順帶一提，哈里發同時有「繼承者」或「代理人」的意思，所以哈里發究竟是「真主使者（即穆罕默德）的繼承者」（khalīfat Rasūl Allah）還是「真主的代理人」（khalīfat Allah），以及哈里發權限和角色該如何解讀等問題，後世展開了複雜的議論。關於哈里發究竟該怎麼解釋，傳統上多以「真主使者的繼承者」之見解為大宗，不過十一世紀後出現的遜尼派也認為哈里發是「真主的代理人」。雖然近代歷史研究時常討論這個問題，但自從克羅恩（Patricia Crone）和海德斯（Martin Hinds）在合著的《真主的哈里發》（*God's Caliph: Religious Authority in the First Centuries of Islam*）中提倡回歸本源後，不少研究者也以「真主的代理人」為主要見解。本文不打算深入探討，僅將哈里發做為現代普遍指稱「伊斯蘭社群領袖」的名詞來使用。

不過，初期伊斯蘭史料中最常用來稱呼哈里發的稱號，是巴克爾死後繼任的歐麥爾（Umar，六三四—六四四年在位）所採用的「穆民的領袖」（Amir al-Mu'minin，直譯為「穆民的指揮官」），這也成為日後伊斯蘭社群領袖最基本的稱號。如同這個稱號所代表的意思，自歐麥爾的時代開始，被稱為阿拉伯或伊斯蘭大征服的對外擴張正式展開，以來自半島的阿拉伯人戰士為中心，伊斯蘭勢力陸續控制了伊拉克、伊朗、敘利亞、埃及等中東的核心區域。

哈里發制度的成立，應與中東一帶在古典晚期穆罕默德在世時深受末世論影響有關。例如同時期拜占庭帝國與波斯薩珊王朝爆發的戰爭，以及薩珊王朝攻占耶路撒冷、帶走據傳為釘死耶穌基督的真十字架的事件，皆被認為是招致末日的事端。此外，敘利亞地區的猶太教及基督教徒把之後的伊斯蘭大征服視為「末日」或「天譴」，《古蘭經》也記載了暗指末日將近的警語：

眾人問你復活時（最後審判）在什麼時候？你說：「那只有真主才知道。」甚麼使你知道它何時發生呢？復活時，或許是很近的。

——《古蘭經》三三章六三節，本處引自馬堅的中譯本。

我的確警告你們一種臨近的刑罰，在那日，各人將要看見自己所做的工作，不信道的人們將要說：「啊！但願我原是塵土。」

——《古蘭經》七八章四〇節

穆罕默德本人恐怕也認為末日即將來臨，不過他在末日降臨前便已去世。而穆罕默德身邊的直系門徒亦不知該如何接受其離世，在他死後陷入混亂。這點從日後繼任哈里發的歐麥爾相關逸聞可見一斑：

真主使者過世後，歐麥爾出面說：「偽信徒當中有人堅稱真主使者已死。真主使者並沒有死，而是去見真主了。如同暗蘭之子摩西。摩西曾在族人面前消失整整四十天，眾人皆稱他已死，然而他卻回來了。真主使者終將歸來，一如摩西復返。屆時真主使者將斷了造謠者的手腳。」

——伊本・易斯哈格（Ibn Ishaq）著、伊本・希夏姆（Ibn Hisham）編，《先知傳》（*Al-Sira al-Nabawiya*）第三卷，頁五八三。

有關「摩西復返」的敘述，源自於舊約聖經*裡提及的摩西逸聞。摩西帶領眾多猶太人離開埃及前往巴勒斯坦，途中拋下隨行者獨自前赴西奈山，領受上帝頒賜的十誡。由於當時摩西消失了整整四十天，留下的人們開始謠傳摩西已死，再也不會回來。然而摩西最終下山歸來，並懲誡了那些造謠者。歐麥爾引用摩西的故事，主張穆罕默德並沒有死。

歐麥爾之所以這樣表示，應是出於「末日必定在穆罕默德有生之年來臨」的思維。穆罕默德並未選定後繼者一事，亦強化了這項推論。畢竟留下的信徒們還沒準備好在沒有穆罕默德的世界裡活下去。

＊又稱希伯來聖經（Tanakh）。

就這個層面而言，哈里發可以說是一種讓信徒得以在末日尚未降臨的世界裡生活而採行的制度，以便持續摸索未來樣貌。對末日的冀求，以及期望落空時對現實的應變之道，兩者不斷在伊斯蘭時代初期交替出現。

巴克爾創立哈里發制度時的另一個焦點，在於穆罕默德凝聚起來的穆斯林在他死後是否分裂，抑或繼續維持一體性。有別於跟隨穆罕默德從麥加遷往麥地那的巴克爾和歐麥爾，原先住在麥地那的穆斯林主張他們要自行選出領袖。然而這樣的主張被說服，確立了穆罕默德死後伊斯蘭社群仍維持一體並由一人統治的原則，這也大大左右了伊斯蘭世界的未來。

因哈里發之位而起的內亂

第二任哈里發歐麥爾死後，穆罕默德的六位有力門徒互選領袖，最終由奧斯曼（Uthman，六四四—六五六年在位）就任哈里發。奧斯曼雖然出身反穆罕默德的伍麥亞家族，但他跟隨穆罕默德已久。當時敗選的阿里（Ali，六五六—六六一年在位）則在奧斯曼死後繼任哈里發。後世稱這四人為「正統哈里發」（Rashidun Caliphate，亦稱四大哈里發），這段期間仍有許多穆罕默德直系門徒在世，被後世的穆斯林視為典範時期。

雖然正統哈里發時期是後人眼中的理想時代，但隨著勢力急遽擴張，許多弊端早已浮出檯面。信奉伊斯蘭教的阿拉伯戰士從阿拉伯半島向外征服的同時，也產生了戰利品與稅收分配不均的問題。此外，成為哈里發之後的奧斯曼與穆罕默德在世的時代背道而馳，肆意任用伍麥亞家族人士擔綱各地總督等要職，引來強烈的不滿。

在這種情況下，不滿分子紛紛從阿拉伯戰士據守的軍事城市攻向奧斯曼所在的麥地那，其中一人更刺殺了這位哈里發。在奧斯曼死後的一片混亂局面中，靜觀其變的阿里繼任哈里發之位。或許是因為阿里身為穆罕默德堂弟兼女婿的親緣背景，反奧斯曼的勢力紛紛擁戴他。

儘管內部存在著階級問題，伊斯蘭社群仍維持一體性，持續向外擴張，卻因為奧斯曼的死陷入了新的內亂。有人質疑，奧斯曼遭刺殺之因或許就是他自己。倘若奧斯曼是為惡之人，殺害奧斯曼的人就是對的，被推舉的阿里也連帶具有正當性。相反地，若是奧斯曼遭人惡意謀害，受匪徒推崇的阿里便失去了做為哈里發的正當性。舉例來說，當阿里派遣使者前往伊拉克的巴斯拉和庫法、敘利亞的大馬士革、埃及的福斯塔特等阿拉伯軍隊駐守的軍事城市，傳達自己就任哈里發的消息時，就有幾位總督不予承認。

最先造反的是穆罕默德的有力聖伴（Sahabah，與穆罕默德同時代的門徒）托勒哈（Talhah）及祖拜爾（al-Zubayr），穆罕默德最年輕的妻子阿伊莎（Aisha，六七八年左右歿）也給予支持。他們以伊拉克為根據地，阿里便率兵前往伊拉克將其擊潰，並於當地軍事城市庫法設立據點。

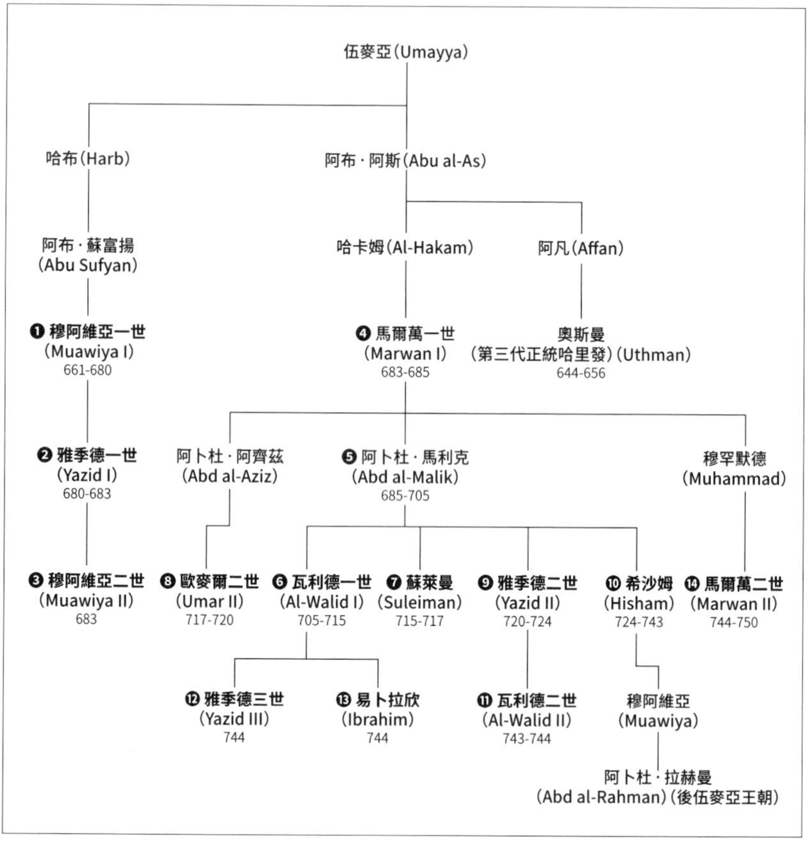
伍麥亞(Umayya)
哈布(Harb)
阿布・阿斯(Abu al-As)
阿布・蘇富揚
(Abu Sufyan)
哈卡姆(Al-Hakam)
阿凡(Affan)
❶ 穆阿維亞一世
(Muawiya I)
661-680
❹ 馬爾萬一世
(Marwan I)
683-685
奧斯曼
(第三代正統哈里發)(Uthman)
644-656
❷ 雅季德一世
(Yazid I)
680-683
阿卜杜・阿齊茲
(Abd al-Aziz)
❺ 阿卜杜・馬利克
(Abd al-Malik)
685-705
穆罕默德
(Muhammad)
❸ 穆阿維亞二世
(Muawiya II)
683
❽ 歐麥爾二世
(Umar II)
717-720
❻ 瓦利德一世
(Al-Walid I)
705-715
❼ 蘇萊曼
(Suleiman)
715-717
❾ 雅季德二世
(Yazid II)
720-724
❿ 希沙姆
(Hisham)
724-743
⓮ 馬爾萬二世
(Marwan II)
744-750
⓬ 雅季德三世
(Yazid III)
744
⓭ 易卜拉欣
(Ibrahim)
744
⓫ 瓦利德二世
(Al-Walid II)
743-744
穆阿維亞
(Muawiya)
阿卜杜・拉赫曼
(Abd al-Rahman)(後伍麥亞王朝)

伍麥亞家族世系圖

然而敘利亞也存在著反對阿里的勢力。同樣出身伍麥亞家族的穆阿維亞（Muawiya I，六六一—六八〇年在位）已經在敘利亞當了十年以上的總督。穆阿維亞主張阿里必須為近親奧斯曼的死負責，並號召人們「為奧斯曼報仇雪恨」，做好對抗阿里的準備。

阿里未能說服穆阿維亞和追隨他的阿拉伯戰士，只好於六五七年出兵攻打穆阿維亞。他的軍隊從庫法出發，沿著底格里斯河北上，在拉卡轉往幼發拉底河，向敘利亞地區逼近。穆阿維亞也從敘利亞的主要軍事城市大馬士革興師發兵，兩軍在幼發拉底河畔的隋芬（Siffin）交戰。

根據史書記載，阿里在這場戰役中占了上風，不過穆阿維亞自知處於劣勢，便心生一計，命士兵以長槍挑起聖典《古蘭經》，藉此要求談和。阿里的戰士見狀認為應當遵循神之書（《古蘭經》）的教誨，於是雙方就此停戰。據傳阿里雖早已看穿穆阿維亞的計謀，卻無法說服旗下軍隊，最終戰事就這樣平息了。雙方另選時間地點，各派代表在一中立地談和。

當時有人反對將和解一事全權委由雙方代表處理。他們大力譴責此事，打著「只有神能定奪」的口號出走。離開阿里後，他們以庫法近郊的拿赫魯宛做為根據地，從自己人當中選出哈里發。這些人被稱作哈里哲派，是伊斯蘭世界最早形成的分派。

雖然雙方展開和談，但穆阿維亞方面似乎無意交涉，兩度談判皆以決裂收場。結果伊斯蘭社群一分為二，阿里和穆阿維亞各自占據伊拉克及敘利亞持續對峙。就這樣，伊斯蘭社群在奧斯曼遇刺後，經歷了哈里發之位所引起的分裂。這次的分裂或者說內亂，在阿拉伯語稱作「Fitna」，原意為

「誘惑」，此後也用來指稱應為一體存在的伊斯蘭社群分裂狀態。由於此後也數度爆發內亂，因此伊斯蘭早期歷史研究稱這場內亂為第一次內亂。對於「正統領導者」的爭議，也成為往後伊斯蘭社群內亂的主要原因。總的來說，之後的阿拔斯革命也是一場以「伊斯蘭社群正統領導者」為訴求的叛亂行動。

伍麥亞王朝與什葉派

之後阿里再也沒有機會跟穆阿維亞做個了斷。在他殲滅哈里哲派後不久，便於庫法的清真寺遭殘黨殺害。阿里死後，穆阿維亞逼退阿里之子哈桑（Al-Hassan），成為伊斯蘭社群的領袖，並將根據地大馬士革設為首都。後世歷史學家認為伍麥亞王朝於此時成立。然而穆阿維亞就任哈里發之際，尚未決定由伍麥亞家族世襲哈里發之位。在後世人的眼中看來，接下來是伍麥亞王朝與反對勢力相互抗衡的時代，不過對當時的他們而言，無論是伊斯蘭社群的未來，還是領袖的合適人選，兩者都還是未定之數。

此外，雖然穆阿維亞在位時並未發生重大動盪，但第一次內亂還是留下了隱憂。那就是哈里哲派和什葉派的出現。

哈里哲派在阿里生前與他分道揚鑣，且第一次內亂結束後仍獨自保有勢力。這是因為他們跟阿里一樣，不承認穆阿維亞是正統領導者。哈里哲派分布於庫法和巴斯拉等伊拉克地區軍事城市一帶，當地總督屢次出兵討伐未果，他們的反政府活動就這樣一直持續下去。

另一方面，經過第一次內亂的什葉派仍堅信與穆罕默德血緣關係最近的阿里及其子孫才是正統領導者。「什葉」原意為「黨派」。在第一次內亂中，「阿里什葉」（阿里黨）與「穆阿維亞什葉」（穆阿維亞黨）爆發戰爭，之後穆阿維亞再度統一伊斯蘭，多數人都成了「穆阿維亞黨」，也因此逐漸失去特地區分的意義。然而支持阿里家族的人仍被稱為「阿里什葉」，後來經過簡化，「什葉」一詞便成了「阿里黨」的代稱。他們主要在阿里的根據地庫法活動，數度企圖叛亂，卻多半被伍麥亞王朝事先察覺而未能成功。

六八〇年穆阿維亞死後，其子雅季德〔雅季德一世（Yazid I），六八〇—六八三年在位〕按照穆阿維亞生前的安排接任第二任哈里發。然而當時仍有「應由人們心中最適合的人選擔任伊斯蘭社群領袖」的觀念，使得不少人對這次的「世襲」感到不滿。穆阿維亞能對抗阿里並一統伊斯蘭，是靠本身的手腕贏得多數人認同，但雅季德既不是一族長老，也沒有足以服眾的實績。

接獲穆阿維亞的死訊後，庫法的阿里黨人什葉派率先採取行動。他們派遣使者請求阿里之子胡笙（Husayn，六八〇年歿）前往庫法，帶領他們揭竿起義對抗伍麥亞王朝。胡笙為穆罕默德的堂弟阿里與女兒法蒂瑪（Fatima）所生，是血統上最接近未留下男系子孫的穆罕默德後代，人們對此寄予厚望。據說胡笙原本興致缺缺，認為什葉派的計畫難以成功，但最後還是經不起他們的盛情，勉強帶著家人和追隨者從當時居住的麥加出發前往庫法。

另一方面，伍麥亞王朝的伊拉克總督早已事先察覺這次的行動，在掌握繞道前往庫法的胡笙一行人路線後，隨即派出一支軍隊。軍隊司令官在庫法東北方約七十五公里處的卡爾巴拉勸其投降，然而胡笙等人不承認雅季德是哈里發，亦不願返回阿拉伯半島，結果遭到誅殺，僅一人倖存。雖然當時庫法的什葉派大致掌握了情勢發展，卻無法採取行動，只能眼睜睜見死不救。什葉派的勢力在胡笙死後依然存在，堅信應由阿里的子孫擔任領袖，然而這起坐視胡笙遇害的「卡爾巴拉的悲劇」卻成了深植他們心中的集體創傷，對往後什葉派造成巨大的心理影響。

胡笙引發的叛亂實際上規模不大，不過先知穆罕默德的孫子遭當時政權殺害一事，仍震撼了整個伊斯蘭社群。此後什葉派持續吸收對伍麥亞王朝不滿的分子，最終促成了阿拔斯革命。

之後爆發了第二次內亂。以阿里之子胡笙做為號召的起義失敗後不久，當時的哈里發雅季德就病死了。其子穆阿維亞二世（Muawiya II，六八三年在位）當時還年輕，許多人都不承認他的哈里發身分。此時，伊本・祖拜爾（Ibn al-Zubayr，第一次內亂中對抗阿里的祖拜爾之子，六九三年歿）在麥加自立為哈里發，於是伊斯蘭社群再度為此爭執，迎向另一次的分裂時期。

第二次內亂期間，暫時獲得多數人認可的伊本・祖拜爾以領袖之姿據守麥加，另外還有什葉派、伍麥亞家族殘存勢力、哈里哲派，以及不屬於上述派系、獨自於伊朗東北呼羅珊地區蓄積實力的阿卜杜勒・賓・哈齊姆（Abd Allah ibn Khazim）勢力，這樣的混亂狀況持續了整整十二年之久。

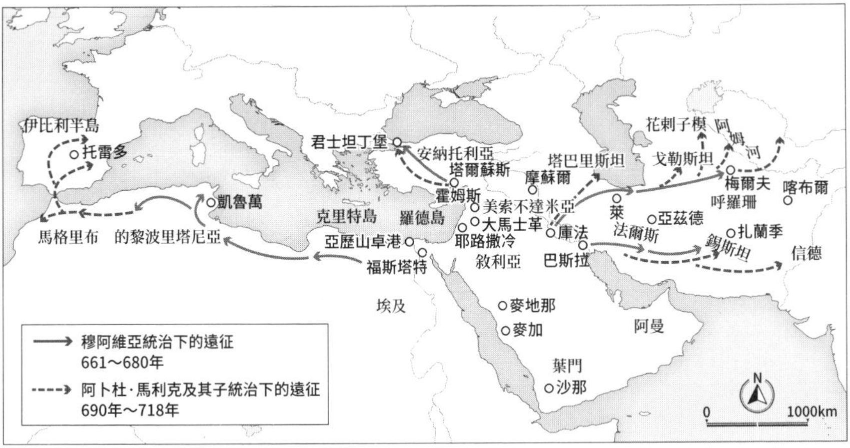

伍麥亞王朝時期的征服路線

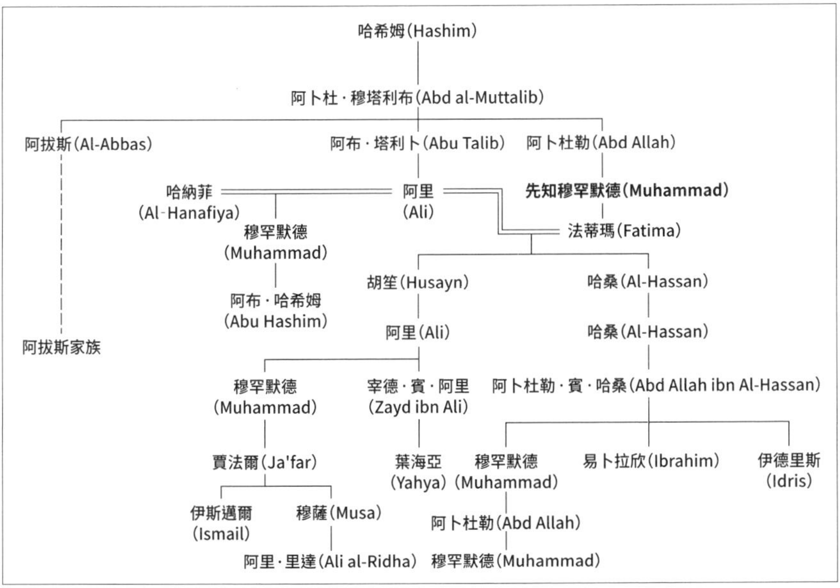

哈希姆家族世系圖

第一次內亂基本上是圍繞在奧斯曼遇害一事（即奧斯曼是為惡之人抑或遭人惡意殺害的問題）產生的對立，第二次內亂則不同，各方勢力可說是為了不同的理念而戰。

最後以敘利亞為據點的伍麥亞家族第五任哈里發阿卜杜·馬利克（Abd al-Malik，六八五—七○五年在位）擊敗伊本·祖拜爾等勢力，再度統一了伊斯蘭。雖然之後又發生過幾次叛變，但後世認為皆未達到「內亂」的程度。阿卜杜·馬利克死後主要由他的兒子們世襲哈里發，將哈里發之位留在伍麥亞家族之中，所謂的「伍麥亞王朝」至此正式確立。

關於因哈里發之位引發的內亂，有一點必須釐清，那就是這些鬥爭只有原居阿拉伯半島西部麥加的古萊什族（Quraysh）參與。穆罕默德、阿里、穆阿維亞、伊本·祖拜爾，以及之後登場的阿拔斯家族，他們就廣義上來說皆為親戚，也就是古萊什族人的內鬥。

第二次內亂後，什葉派稱領袖為馬赫迪（Al-Mahdi），即「（神選）導師」，相信他是末日審判來臨時的救世主。不光是什葉派，伍麥亞王朝也抱持著這種想法，譬如歌頌第七任哈里發蘇萊曼（Suleiman，七一五—七一七年在位）的詩文中就多次以「馬赫迪」稱之。蘇萊曼之所以攻打拜占庭帝國的君士坦丁堡，應是基於此次征服將招致末日來臨的思維。阿拔斯革命也是因應這種末日思維而生。

阿拔斯家族與「阿拔斯革命」的故事

第十任哈里發希沙姆（Hisham，七二四—七四三年在位）是阿卜杜・馬利克的兒子中第四位繼任哈里發之人。伍麥亞王朝的版圖在此時達到最大，西起伊比利半島，東至中亞及印度西北部，不過此時伍麥亞王朝也開始出現崩壞的徵兆。第二次內亂後，伍麥亞王朝主要倚靠在內亂中得勝的敘利亞軍隊維持勢力，然而希沙姆在位期間，敘利亞軍隊遠征各地平定叛亂，變得零星分散，已不如過往強勢。加上後援的補給線後繼無力，導致希沙姆時代的伊斯蘭遠征軍在各地接連敗北。

希沙姆死後的幾年間，開啟了第三次內亂。有別於前兩次內亂，這回純屬伍麥亞家族內部的哈里發王座之爭。據說敘利亞地區因此荒廢，使得伍麥亞王朝的根基搖搖欲墜。

最後由馬爾萬二世（Marwan II）平定局勢，他是第二次內亂初期短暫繼任第四任哈里發的馬爾萬一世（Marwan I）之孫，也是阿卜杜・馬利克的外甥。由於他出身旁系，一直到老年都無緣問鼎哈里發。在希沙姆時期，馬爾萬二世以高加索為中心活躍於北方遠征，之後敘利亞陷入內亂，他也曾率領北方軍試圖平亂。七四四年，馬爾萬二世被推舉為哈里發，然而敘利亞及伊拉克仍有許多勢力不願妥協，直到七四七年夏季才勉強歸順。不過此時東方已經出現了挑戰伍麥亞王朝的勢力，也就是掀起阿拔斯革命的黑衣集團。

創立阿拔斯王朝的「阿拔斯家族」，是先知穆罕默德的叔父阿拔斯（Al-Abbas）的子孫。阿拔

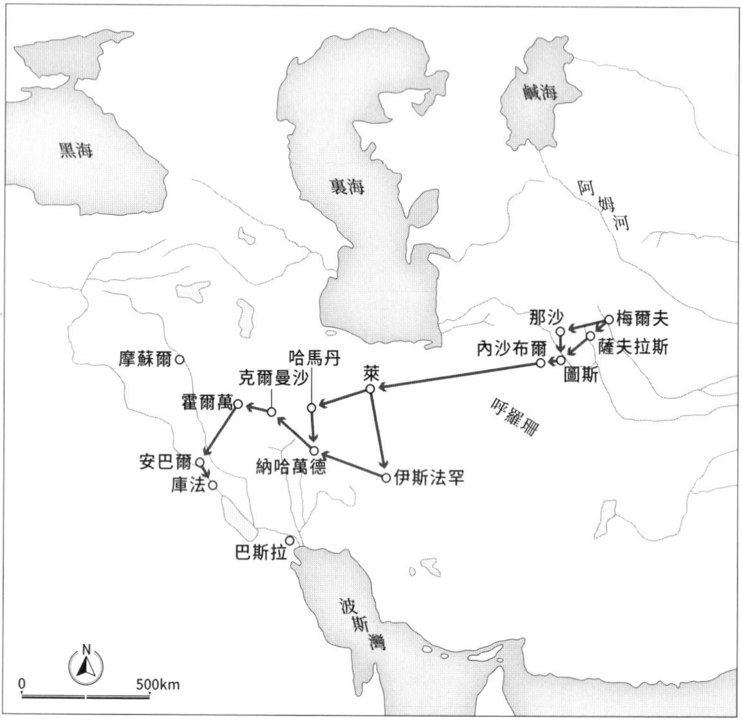
黑海
裏海
鹹海
阿姆河
那沙
梅爾夫
薩夫拉斯
內沙布爾
圖斯
摩蘇爾
哈馬丹
克爾曼沙
萊
霍爾萬
呼羅珊
安巴爾
納哈萬德
伊斯法罕
庫法
巴斯拉
波斯灣
N
0
500km

阿布・穆斯林行軍圖

斯較晚才皈依穆罕默德宣揚的伊斯蘭教，在伊斯蘭社群中亦未擔任要角，卻因身為穆罕默德的近親而備受尊重。其子阿卜杜勒·賓·阿拔斯（Abd Allah ibn Abbas，六八七年左右歿）又稱伊本·阿拔斯（Ibn Abbas），後世的各種傳說中認為他學識淵博，留下不少穆罕默德的言行與聖典口述內容。之後阿拔斯家族又經歷了兩代更迭，分別是伊本·阿拔斯之子阿里，以及阿里之子穆罕默德。

先知穆罕默德死後，阿拉伯穆斯林成功征服中東地區，在正統哈里發及伍麥亞家族的哈里發帶領下支配了廣大疆域，然而阿拔斯家族在這股歷史潮流中並未擔任重要的角色。伊本·阿拔斯與弟弟烏拜杜勒·賓·阿拔斯（Ubayd Allah ibn Abbas）在阿里擔任哈里發期間分別受封巴斯拉及葉門總督，不過那只是暫時性的，阿拔斯家族成員大多不曾涉入政治活動。前面談論的領導者地位之爭，便從未出現過阿拔斯家族的名字。

然而根據阿拔斯王朝留下的傳說，阿拔斯家族在伍麥亞王朝後期的某個時間點觸怒了哈里發，遂逃往位於現今約旦一處名叫胡邁瑪的邊陲地區，並以打倒伍麥亞王朝為目標暗中行動。他們承襲了阿里的孫子、穆罕默德·賓·哈納菲（Muhammad ibn al-Hanafiyyah）之子阿布·哈希姆（Abu Hashim）的勢力，得以展開實質運動。阿拔斯家族就這樣隱姓埋名，在呼羅珊一帶招兵買馬。最後阿布·穆斯林（Abu Muslim）（七五五年歿）成為地下革命運動的核心人物。

在這個祕密組織當中，帶頭的領袖並未公開身分，僅以「穆罕默德家族的被選者」（al-rida min al Muhammad）自稱，許多參與行動的人都以為召集人是阿里家族的某人。阿里和阿拔斯皆屬哈希姆家族的其中一個分支，是與穆罕默德關係最近的親戚。然而跟一直對抗伍麥亞王朝並多次主導叛亂的阿里家族不同，阿拔斯家族始終不曾浮上檯面。

阿布．穆斯林在呼羅珊組織軍隊，從根據地梅爾夫出兵後沿幹道西行，於七四九年抵達伊拉克。儘管失去總司令官喀夫塔巴（Qahtaba），派遣軍仍然占領了伊拉克的軍事城市庫法。隨後阿拔斯家族的阿布．阿拔斯（之後自稱薩法赫）現身庫法的清真寺發表演說，他聲稱阿拔斯家族是受阿里家族的阿布．哈希姆授權主導這次反抗運動，並宣布自己是新任哈里發。也就是說，阿里家族認同了阿拔斯王朝的正統性。

事實上，這樣的說詞並非全盤為世人接受。現存的文獻有不少無法整合說明這段故事的記述，因此也有許多研究者認為所謂阿里家族的阿布．哈希姆授權一說是阿拔斯王朝成立後所捏造的，目的是彰顯自身的正統性。促成阿拔斯革命的反抗行動並非源自阿拔斯家族的「布道」，而是當地頻傳的紛亂使然，特別是什葉派的叛亂。阿布．穆斯林從中累積經驗，最終才能成功擊潰內鬥的伍麥亞王朝勢力。

雖然阿布．穆斯林堪稱這次革命的大功臣，他的生平卻幾乎無法得知。阿拔斯王朝成立後，阿布．穆斯林遭阿拔斯王朝第二任哈里發曼蘇爾（Al-Mansur，七五四—七七五年在位）清算，應該是日後的政治宣傳抹消了他的相關資訊。

如同前述，參與這起行動的人大多認為領導者來自阿里家族。這是因為伍麥亞王朝後期的叛亂行動多半為阿里家族相關人士所主導。七四〇年在庫法舉兵反對伍麥亞王朝的宰德．賓．阿里（Zayd ibn Ali）是胡笙之孫，其子葉海亞（Yahya）也在父親死後於呼羅珊起兵造反。此外，七四四年於庫法發動叛變的阿卜杜勒．賓．穆阿維亞（Abd Allah ibn Muawiya），則是阿里的哥哥賈布爾．賓．阿比．塔利卜（Ja'far ibn Abi Talib）之孫。他更是呼籲民眾支持「穆罕默德家族的完人」，聲稱已從哈希姆手中接下領袖的棒子，這跟阿拔斯家族的主張別無二致。另一方面，當時主導阿里家族的是阿里之子哈桑的後代，據說哈桑之孫阿卜杜勒．賓．哈桑（Allah ibn Al-Hassan），以及其子穆罕默德也都準備造反。

阿拔斯革命前夕，來自「穆罕默德家族」的領導人們紛紛呼籲民眾推翻伍麥亞王朝。在這樣的局勢下，阿布．穆斯林成功掌握契機，而阿拔斯家族也順勢跟進。雖然不曉得阿布．穆斯林跟阿拔斯家族維持著怎樣的關係與往來，但革命成功後，阿布．穆斯林依然留在呼羅珊。由此可見，雙方關係未必如阿拔斯家族聲稱的那般，阿布．穆斯林是在他們的授意下行動。

該如何看待「阿拔斯革命」

在呼羅珊揭竿起義向西進攻，加入並促成「阿拔斯革命」的這些人，稱為「呼羅珊軍隊」。由於是他們創立且扶持了阿拔斯王朝，因此被稱為「王朝之子」。他們究竟是何方神聖？在本章開頭提到的同時代相關紀載中，這些推翻政權的人也被稱為波斯人。

阿拔斯王朝的成立被視為「以伊朗人為主的民眾大軍推翻阿拉伯人統治的伍麥亞王朝」，因此近代以來的研究稱之為「阿拔斯革命」。在伍麥亞王朝時期，非阿拉伯「民族」改宗者稱為「馬拉里」，受阿拉伯穆斯林的保護，社會階級較阿拉伯人低。其中的「伊朗人」挺身追求平等待遇，最終才促成了這場「革命」。

當然，前近代留下的阿拉伯語史料不可能將這場行動定義為「革命」。現今一般通用的「革命」乃法國大革命後的「Revolution」翻譯而來，意指西方世界的民眾推翻體制，到近代又結合了民族主義的意涵。近代的「革命」概念，是在十九世紀末到二十世紀初才出現在伊斯蘭早期歷史研究中，投射到「阿拔斯革命」上。「阿拔斯革命」這個稱呼，可說是強烈反映出近代思想的色彩。

那麼，實際上這場「革命」的核心又是哪些人呢？學者阿迦（Salih Said Agha）曾徹底調查阿拉伯文獻中出現的革命人士，根據他的研究，革命主力不一定只有非阿拉伯人的改宗者馬瓦里。包括自敘利亞和伊拉克派往呼羅珊地區的阿拉伯戰士，當中不少人也都參與了推翻伍麥亞王朝的行動。此外，阿迦認為未獲得阿拉伯人庇護的改宗者也占了一定比例。加上在伍麥亞王朝時代，阿拉伯戰士不斷地從伊拉克和敘利亞派往呼羅珊，他們散居軍事城市近郊的鄉村地帶，逐漸融入了當地（《祖琴編年史》作者定居伊拉克北部，他可能把融入呼羅珊當地的阿拉伯人也視為「波斯人」）。所以阿拔斯革命的實際情況，應該是不同社會背景的人群聚集起來，基於個別得失考量加

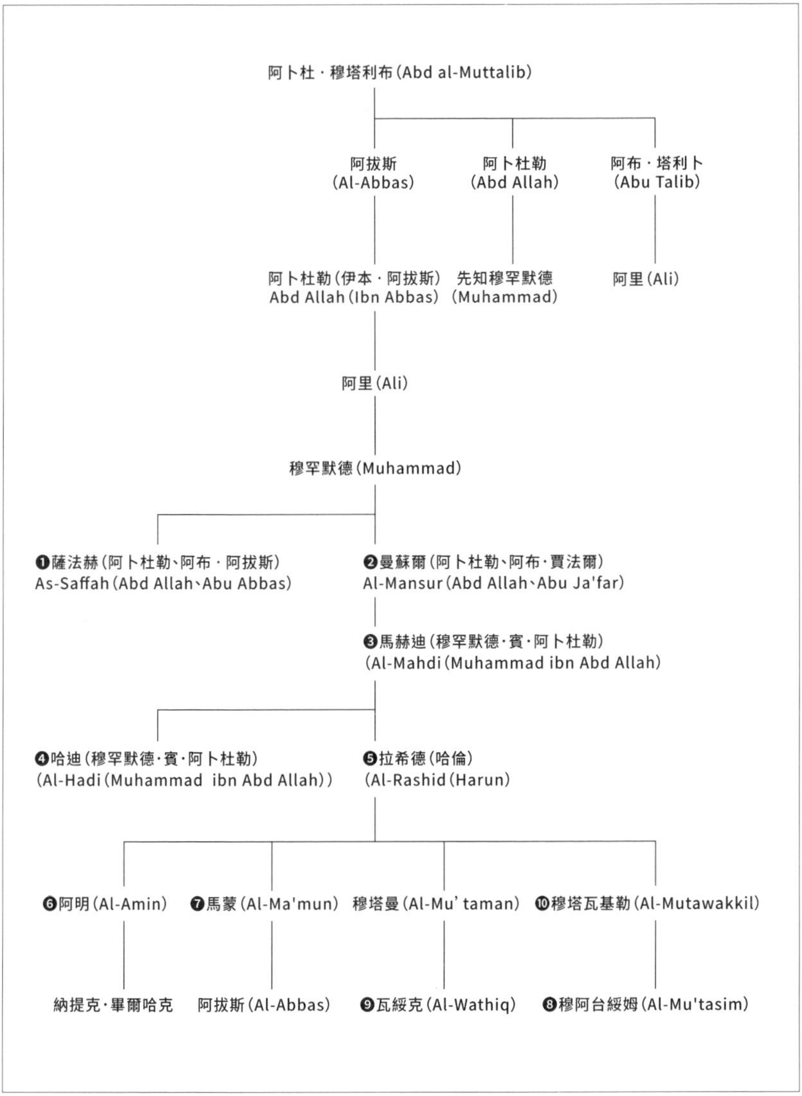
阿卜杜．穆塔利布(Abd al-Muttalib)
阿拔斯
(Al-Abbas)
阿卜杜勒
(Abd Allah)
阿布．塔利卜
(Abu Talib)
阿卜杜勒(伊本．阿拔斯)
Abd Allah(Ibn Abbas)
先知穆罕默德
(Muhammad)
阿里(Ali)
阿里(Ali)
穆罕默德(Muhammad)
❶薩法赫(阿卜杜勒、阿布．阿拔斯)
As-Saffah(Abd Allah、Abu Abbas)
❷曼蘇爾(阿卜杜勒、阿布·賈法爾)
Al-Mansur(Abd Allah、Abu Ja'far)
❸馬赫迪(穆罕默德·賓·阿卜杜勒)
(Al-Mahdi(Muhammad ibn Abd Allah)
❹哈迪(穆罕默德·賓·阿卜杜勒)
(Al-Hadi(Muhammad ibn Abd Allah))
❺拉希德(哈倫)
(Al-Rashid(Harun)
❻阿明(Al-Amin)
❼馬蒙(Al-Ma'mun)
穆塔曼(Al-Mu' taman)
❿穆塔瓦基勒(Al-Mutawakkil)
納提克·畢爾哈克
阿拔斯(Al-Abbas)
❾瓦綏克(Al-Wathiq)
❽穆阿台綏姆(Al-Mu'tasim)

阿拔斯家族世系圖

入叛變運動，而不是以單一民族為中心的「革命」。

在伍麥亞王朝統治下，許多心懷不滿的人堅信末日將近，迫切需要一個正統領導人，並堅信此人必定來自穆罕默德家族。就是這種信念促成了革命，並創立了阿拔斯王朝。

2 阿拔斯王朝政權與伊斯蘭社會的形成

阿拔斯王朝與什葉派

單就字面上來看，伍麥亞王朝到阿拔斯王朝的改朝換代，是指伊斯蘭社群領導者哈里發之位由伍麥亞家族轉移到阿拔斯家族手中。從穆罕默德創立伊斯蘭教，歷經伊斯蘭大征服及哈里發之爭，長久下來累積了種種問題，進而導致了這次權位交替。伊斯蘭社群的一體性，以及領導人的正當性，這兩個問題無疑是造就阿拔斯革命的最大推手。

根據碑文、貨幣等同時期遺留下來的史料顯示，阿拔斯王朝前三任哈里發都自稱「馬赫迪」。馬赫迪的概念已於上一節提過，而阿拔斯家族承襲了這個稱號，將自己定位成「導師」及「救世主」。不過這樣的稱號並非阿拔斯家族的專利。阿拔斯革命後的第二任哈里發曼蘇爾（Al-

Mansur）時期，阿里最有力的子孫穆罕默德·賓·阿卜杜勒（Muhammad ibn Abd Allah，七六二年歿）也自稱「馬赫迪」，還試圖顛覆阿拔斯王朝政權。畢竟在阿里家族看來，阿拔斯革命原本是由什葉派發起的運動，卻被阿拔斯家族「非法」竊取了成果。

什葉派發動叛亂後，曼蘇爾也讓兒子以「馬赫迪」自居，兒子與阿里後裔同名，也叫穆罕默德·賓·阿卜杜勒。這個名字的意思是阿卜杜勒之子穆罕默德（曼蘇爾的本名為阿布杜勒，曼蘇爾為尊稱，意指「真主庇佑的勝利者」），而伊斯蘭教創始人先知穆罕默德的父親也叫阿卜杜勒。在這個時代普遍相信，跟先知同名的人才是救世主馬赫迪。換言之，這起叛變堪稱是決定阿拔斯家族和阿里後裔何者配為穆罕默德的「繼承者」之爭。最終曼蘇爾成功平亂，此後哈里發之位由阿拔斯家族繼承，也就逐漸成為理所當然的事。

雖然曼蘇爾和後繼的馬赫迪（七七五—七八五年在位）統治期間曾發生多次叛亂，但阿拔斯王朝的政權依舊不動如山。打下穩固基礎後，阿拔斯王朝在馬赫迪之子哈倫·拉希德（Harun Al-Rashid，七八六—八〇九年在位）期間變得更加安定。然而拉希德的接班人問題又再度掀起了爭奪哈里發之亂。

拉希德分別選定其子阿明（Al-Amin，八〇九—八一三年在位）及馬蒙（Al-Ma'mun，八一三—八三三年在位）為第一、第二繼承人。八〇九年拉希德過世後，第一繼承人阿明按照預定就任哈里發。然而此時馬蒙為了平亂據守呼羅珊，並在當地持續保有自己的勢力。於是當阿明有意讓自己的兒子接任哈里發時，兄弟間便爆發爭奪哈里發的衝突。

最終馬蒙贏得了勝利。有趣的是，在平定內亂之前，馬蒙曾試圖借用什葉派的威信。他於某個時間點延攬了阿里家後裔之一的阿里．里達（Ali al-Ridha）（參照哈希姆家系圖，八一八年歿），選為自己的後繼者。這樣的舉動很可能導致阿拔斯家族和阿里家族的關係驟變。此外，他也在他統治的中亞一帶發行貨幣，上頭自稱「穆民的領袖」、「伊瑪目」（Imam）。這個稱號在伊斯蘭世界帶有各種涵義，以什葉派的脈絡來看，伊瑪目是領導什葉派（以及他們理想中的伊斯蘭社群）的阿里及其後代的繼承人。因此，馬蒙應該是企圖利用什葉派的權威，對抗先行繼任阿拔斯王朝哈里發的阿明。結果馬蒙打敗了阿明，但阿里．里達也死於前往巴格達的途中，最終哈里發的位子還是沒有落到阿里家族手上。

馬蒙就任以後，哈里發開始仰賴呼羅珊和中亞的外來軍事集團，使得勢力分布產生了重大變化。馬蒙借助呼羅珊當地有力的塔希爾家族打敗阿明，其後的哈里發皆以被稱為馬木路克的奴隸兵做為直屬軍團。雖然這股軍事力量讓哈里發得以鞏固實權，但也讓伊斯蘭大征服以來長期擔任軍事主力的阿拉伯人自此逐漸失去了存在感。另一方面，日後外來軍事勢力漸增，甚至足以左右哈里發的繼位。

統治體制的變化

阿拔斯王朝創立後帶來的社會變化，當然不僅只於國家統治階層。如同中東和伊斯蘭歷史學者拉皮德斯（Ira M. Lapidus）的名著《伊斯蘭社會史》（*A History of Islamic Societies*）所述，之後各地出現的伊斯蘭社會，都是在阿拔斯王朝期間建立起基本雛形。

先來討論伊斯蘭政權的統治體制。雖然伊斯蘭社群原則上仍由哈里發統治，但底下的官僚機構卻有了巨大的改變。其中最大的變動，是增設了統合各官僚機構的宰相（維齊爾）一職。伍麥亞王朝任用根據地敘利亞的基督徒擔任行政官僚，維持統治體制的實務運作，不過阿拔斯王朝時期伊朗人官僚卻顯著增加，在宰相底下高度組織化。

阿拔斯王朝第二任哈里發曼蘇爾曾在伊拉克建設名為「和平之城」（Madinat-As-Salam）的新都巴格達，可惜後來為了鎮壓借馬赫迪名義起兵造反的什葉派穆罕默德．賓．阿卜杜勒，而被迫中斷。巴格達的圓城格式體現了曼蘇爾追求的中央集權體制。日後巴格達逐漸向圓城外圍發展，成為國際商業城市。圓心處的哈里發皇宮與官廳是統治與行政中心，由位於此處的各高級政府部門（底萬）掌管全帝國的行政業務。

此外，維繫上述官僚機構的是驛遞制度「巴里德」。該制度始於伍麥亞王朝第五任哈里發阿卜杜．馬利克，後來由曼蘇爾加以整頓，做為情報單位。後世所著的史料記載了推測是利用巴里德運送物品至巴格達的所需時間。根據《哈里發宮廷規範》(*Rusum Dar al-Khilafah*)，只要四天便可將裝有蘆筍的鉛製容器從麥加、麥地那運往巴格達；若從敘利亞的大馬士革和埃及出發，則分別需要六天和十一天。

曼蘇爾的另一項措施是清查納稅人。過去伍麥亞王朝多半將地方統治委由當地有力人士，徵稅也包含在內。然而曼蘇爾並不滿足於此，他試圖透過阿拔斯王朝的官僚機構掌握每一位納稅人。從現存的大量埃及莎草紙文書，以及少數呼羅珊地區留下的文件，都反映出曼蘇爾等人在阿拔斯王朝早期實行的這項政策。這些文件包含了各階級行政官記錄的個人納稅證明，阿拔斯王朝將個人納稅業務納入官僚機構，藉此更嚴密地掌握並支配各地。

中央與地方的直接關係也反映在另一個層面。自阿拔斯王朝時期開始，地方伊斯蘭知識分子（即日後多方涉入伊斯蘭社會運作的烏理瑪）與中央政府逐漸往來。例如居住在敘利亞，後來成為該時代與地方代表性烏理瑪的奧扎儀（Al-Awzai，七七四年歿），便曾寫信給阿拔斯王朝的宰相，要求救濟當地基督徒。除了知名的奧扎儀，後世文獻史料也能看到其他地方有力人士去信中央政府，希望哈里發和宰相解決巴斯拉的宗族鬥爭，或對葉門總督的治理方式提出建言等等。可以明顯看到宰相制度設立後，中央與地方知識分子的關係變得十分緊密。

然而曼蘇爾的嘗試並未延續至後期的阿拔斯王朝，中央集權體制也未滿百年就崩解了。主要的原因是哈里發失去軍權，將軍事委任各地方，尤其是邊境區域的外來軍事集團管理。相較於同時代其他地域的國家，特別是當時的「西歐」，阿拔斯王朝已具備極高度的官僚系統，只可惜這個系統能於中央集權體制發揮功效的時間並不算長。

伊斯蘭社會的形成

那麼在阿拔斯王朝的統治下，社會出現了什麼變化呢？

日本的伊斯蘭史學者羽田正於《伊斯蘭世界概念的形成》（2005）中指出，「伊斯蘭世界」的概念純屬空穴來風，在近代西歐之前並不存在，這番說法讓日本伊斯蘭學界譁然。儘管他的見解具有一定說服力，然而隨著穆斯林征服阿拉伯等地區，建立了以伊斯蘭教為主軸的統治體制，社會確實也因此逐漸產生轉變，故以「伊斯蘭社會」稱之應屬妥當。雖然「社會」也是近代才有的詞彙，但這個字的意涵偏向於從個人與個人或群體內部關係來理解事物，比起讓人聯想到劃分範圍的「世界」、「地域」等用語更加貼切。如同後面所述，此處所指的伊斯蘭社會亦包含穆斯林以外的基督教和猶太教徒。

伊斯蘭社會的維繫根基，是阿拔斯王朝中期以後體系化的伊斯蘭法（沙里亞）。簡單來說，伊斯蘭法是奉聖典《古蘭經》及穆罕默德的言行（聖行）為終極依歸的法令規範，在阿拔斯王朝時期才正式體系化。從阿拔斯王朝開始，探究伊斯蘭教相關知識的烏理瑪開始被視為是一個社會集團。

烏理瑪原為「智者」之意，既非社會階級，亦無特定的培育機構，而是用來指稱精通《古蘭經》、聖行及相關學問的人。在以伊斯蘭教為主軸的政權下，這群人與掌權者相輔相成，逐漸構築出一個維持社會運作的龐大體系。

從曼蘇爾、馬赫迪到拉希德的三代統治期間，是阿拔斯王朝最輝煌的時期。此時哈里發延攬伊斯蘭法學者，計畫整理一套因應統治使用的法律體系。巴格達大法官阿布·優素福（Abu Yusuf，八〇八年歿）將《租稅之書》（*Kitab al-Kharaj*）進呈給拉希德，就是最好的例子。如書名所示，該書以伊斯蘭法的角度解釋哈里發該如何向民眾徵稅，另外還記載了其他治理相關事宜。例如以阿拔斯王朝統治下存在著各種不同背景的人群為前提，除了設計非穆斯林的納稅方式，亦提及其衣著和教會等禮拜場所的規範。當然，異教徒從以前開始就是個備受爭議的問題，但在阿拔斯王朝首部以伊斯蘭法為本的治理法典裡，內容上具備了多樣性。

除了阿布·優素福以外，奉阿布·哈尼法（Abu Hanifa）為宗師、同時重視理性思考的法學家們也活躍於阿拔斯王朝初期。從第七任哈里發馬蒙時期開始，有一群「聖訓之徒」迅速嶄露頭角，代表人物為艾哈邁德·伊本·罕百里（Ahmad ibn Hanbal，罕百里學派創始人，八五五年歿），他們蒐集穆罕默德言行相關事蹟（聖訓），將其視為伊斯蘭法的運用重點。另外，「翻譯運動」（於次節詳述）帶來希臘式的「理性」思維，使得馬蒙重視希臘理性思辨者的意見，更於神學辯論時加以引用。但當馬蒙欲推動有關《古蘭經》的宗教審判（Mihna）時，儘管可能入獄，部分罕百里派學者仍堅守應重視過往「傳承」的信念。最終他們獲得許多穆斯林支持，重視「傳承」更甚於「理性」的烏理瑪因而社會影響力大增。

關於哈里發是否有權干預宗教事務，尤其是伊斯蘭法的問題，涉及到第一節提及的「真主代理人」之議，現代的研究者也是意見分歧。但隨著日後哈里發的實權逐漸消失，為「伊斯蘭統治體制」背書的象徵性功能日益增強，哈里發的職權便在烏理瑪建構完成的伊斯蘭法框架內固定了下來。

地域社會的顯著化與對他國的關注

阿拔斯王朝初期的中央集權逐漸式微，開始出現地域化的傾向。如同伍麥亞王朝期間那些從未參與政治的地方知識階層，此時在地的影響力逐漸顯現。

彰顯這種在地視角的象徵，就是所謂的地理書。現存成書於阿拔斯王朝時期的地理書，記載了人們實際走訪各地獲得的豐富知識，此外，專門描述特定地域的著作也逐漸問世。想必這些地理書也是當時人們造訪各地的導覽指南。

隨著阿拔斯王朝烏理瑪階層的蓬勃發展，前往各地遊學變得益發重要。在伊斯蘭世界，促使人們出行的兩大原因分別是具宗教意義的麥加朝聖，以及商業交易。不過知識分子的目的地往往不只一處，而是走訪各地追求知識，聆聽長老（謝赫）開示，並將收穫帶回故鄉或其他地方，這些成為他們的日常。遊學原本是蒐集穆罕默德聖訓的學者所看重的，不過其他領域的學者也紛紛出行尋訪名師，有時足跡甚至跨越了王朝的邊境。

例如知名的烏理瑪巴奇・賓・馬赫拉德（Baqy ibn Makhlad，八八九年歿），他出身日後脫離阿拔斯王朝獨立的伊比利半島當地家族，卻前往東方的伊拉克，向罕百里等學者請益，將知識帶回西方。他編纂了《古蘭經》註解及聖訓集，卷帙浩繁，可惜現已佚失。據說他還在巴斯拉跟學者哈利法・賓・赫亞德（Khalifah ibn Khayyat，八五五年左右歿）交流，將其著作《歷史》（*Tarikh*）傳入伊比利半島。該書為現存最古老的伊斯蘭編年史，不過在伊拉克、敘利亞及埃及等地皆已失傳，現今唯一能取得的就是以巴奇・賓・馬赫拉德所引進的版本為底，之後流傳至摩洛哥的抄本。

生活在阿拔斯王朝的人們經常離開伊斯蘭世界到其他地方做買賣，偶爾會展開冒險。做為現代創作靈感的《一千零一夜》（*Alf Laylah wa-Laylah*），應是在阿拔斯王朝時期形成，這點從九世紀流傳下來的古文書可以證明。故事裡登場的人物也具備十足的國際性，例如知名的阿拉丁就出生於中國，辛巴達則是在印度洋航行冒險。

中國跟印度，這兩個地域似乎是中東伊斯蘭世界最感興趣的異國。包含《中國印度見聞錄》（*Akhbār al-Sīn wa'l-Hind*）在內，後世留下了各式各樣的逸聞。日本歷史學者家島彥一經過長年研究，釐清了這時期印度洋扮演的角色。由於此時的地理書明顯出現較多關於東方的描述，可見伊斯蘭世界對東方的關注更甚於歐洲。

總論提及的十世紀法官塔努伊（al-Tanukhi，九九四年歿）於巴格達收集了各種逸聞，匯集成多部著作，其中提到以下這段商人的親身經歷：

有一次出海旅行，停留在烏布拉（位於伊拉克南部）的時候，我在大清真寺前看到一位叫化子經驗老到地大聲乞討。我心生憐憫，施捨他不少迪拉姆銀幣。

接著我去了阿曼，在那裡待上好幾個月。之後我順勢搭船前往中國，並平安抵達當地。某天到街上閒逛時，那男人竟在市場裡乞討。仔細一瞧，男人確實就是那個叫化子沒錯。

「你本來不是在烏布拉嗎？這回跑到中國來乞討啦？」

「我來過這個國家三次，這是第四次了。每次都是為了討生活，除了乞討以外，我不知道該如何維生。回烏布拉後，沒多久又會跑來這兒。」

——《逸聞錄》，頁五九

當然，故事內容仍不脫奇聞軼事的性質，然而這樣的內容能夠成立，先決條件是一般人可以在伊斯蘭世界和中國之間自由往返。

另外，還有十世紀初拜占庭帝國使者前來和談時，被離宮盛大排場嚇得目瞪口呆的故事。據說當時使者被帶往巴格達的動物園，在那裡看見了八名印度人駕馭四隻身披金縷衣的大象。阿拔斯王朝時期的伊拉克，就是匯集了這麼多來自歐亞非大陸各地形形色色的人群。

「唯一的伊斯蘭社群」

雖然被伊斯蘭歷史視為正統王朝，但阿拔斯王朝不同於伍麥亞王朝，它並不是伊斯蘭世界唯一的政權。出身伍麥亞家族旁系的阿卜杜·拉赫曼（Abd al-Rahman，七八八年歿）逃至遠方的伊比利半島，在當地建立了政權，因此阿拔斯王朝創立時，伊斯蘭社群便已失去了統一性。

阿卜杜·拉赫曼為伍麥亞王朝第十任哈里發希沙姆之孫。在他二十歲時，企圖推翻伍麥亞王朝的黑衣軍團自東方入侵，幾乎殺光伍麥亞家族的主要成員。阿卜杜·拉赫曼一察覺到有危險，就立即跟著貝德爾（Bedr）這位馬瓦里（Mawla，非阿拉伯裔穆斯林）逃出巴勒斯坦，前往埃及和突尼西亞，之後更在當地總督建議下移居摩洛哥，打算向母親部落的柏柏人求援，可惜未能如願。最後他來到了伊比利半島。

伍麥亞王朝晚期以來，征服者阿拉伯人部落之間抗爭不斷，當時的伊比利半島情勢也極為混亂。於是貝德爾先前往伊比利半島，和原本從敘利亞派來的軍團出身者達成協議，為阿卜杜．拉赫曼在當地布局做好準備。逃離敘利亞五年後，七五五年阿卜杜．拉赫曼越過海峽，隔年於伊比利半島的阿拉伯人根據地哥多華近郊擊敗當地總督優素福。之後他定居此處，自立為安達魯斯*的總督（埃米爾，emir），花了三十三年時間全力鞏固當地勢力。之後總督由子孫世襲，成為阿拔斯王朝之外的獨立勢力，後世稱為「後伍麥亞王朝」（Umayyads of Córdoba，或安達魯斯的伍麥亞王朝）。

後伍麥亞王朝的阿卜杜．拉赫曼自摩洛哥渡海前往伊比利半島後約莫半世紀，一名阿里血統的繼承者為躲避阿拔斯王朝的追捕，從東方逃到了馬格里布（非洲西北部）。此人名叫伊德里斯（Idris I，七九一年歿），是反抗曼蘇爾的穆罕默德．賓．阿卜杜勒的弟弟。七八六年，他的侄子胡笙在阿拉伯半島對阿拔斯王朝發動叛變，卻以失敗告終，身為叛亂分子之一的伊德里斯便躲藏起來，同樣在一位馬瓦里的陪同下，成功從埃及逃往馬格里布。他獲得柏柏人的庇護，於丹吉爾設立據點。七八九年，當地穆斯林於週五集體禮拜宣講（呼圖白）時，伊德里斯以阿里子孫身分公開聲稱自己才是統治伊斯蘭社群的「伊瑪目」。他建設位於內陸的費茲做為根據地，將馬格里布的各方勢力納入控制。這便是伊德里斯王朝（Idrisid Dynasty）的開端。

＊ Al-Andalus，中世紀時穆斯林對伊比利半島的稱呼。

據說伊德里斯於七九一年遭阿拔斯王朝第五任哈里發拉希德指使的刺客毒殺。雖然傳聞真偽不得而知，但此時他尚未指定繼承人，因而重創了伊德里斯的勢力。不過當時一位柏柏人女性已懷有他的孩子，孩子出生後同樣取名為伊德里斯，並被視為接班人。當然，剛出生的嬰兒不可能領導眾人，於是跟隨其父伊德里斯自東方過來的馬瓦里拉希德便代理政務，負責養育這個孩子。長大成人的伊德里斯二世（Idris II，八二八年歿）與挾著阿拔斯王朝權威在突尼西亞占有一席之地的阿格拉布家族展開抗爭，持續拓展在馬格里布的勢力。於是這個獨立於阿拔斯王朝之外的伊德里斯王朝，就這樣在伊斯蘭世界的西方確立下來。

後伍麥亞王朝與伊德里斯王朝的興起，是嘗試反抗阿拔斯王朝未果，最終遠離伊拉克及敘利亞等中東核心，在其他地區取得成功的例子。之後什葉派勢力仍在葉門及塔巴里斯坦保有獨立政權，但不與其他政權合作，而是以在地勢力為後盾，並奉伊斯蘭世界裡出身高貴者為領袖。同樣地，那些在阿拔斯王朝底下建立個別勢力者，原本就在伊拉克及敘利亞周邊地區握有實力基礎。

阿拔斯王朝政權創立之初，伊斯蘭社群就已非完全受其掌控。或許是後伍麥亞王朝的勢力範圍僅限於邊境的伊比利半島，其領導人並未自立哈里發、冠上「穆民的領袖」稱號，因此阿拔斯王朝始終被視為象徵單一伊斯蘭社群的唯一哈里發政權。不過那只是一種假象，後續的分裂自阿拔斯王朝創立時已現端倪。

十世紀初，法蒂瑪王朝（Fatimid Dynasty）於突尼西亞興起，征服了埃及和敘利亞部分地區。

由於法蒂瑪王朝推舉阿里的後裔做為領袖，聲稱其承襲了哈里發之位，導致「唯一哈里發統治下的單一伊斯蘭社群」假象出現了根本破綻。在這同時，後伍麥亞王朝的領導者阿卜杜．拉赫曼三世（Abd al-Rahman III）也以哈里發自居，形成三方勢力各擁哈里發的局面，他們都主張自己才是伊斯蘭唯一領袖。如同第一、第二次內亂，以及阿明和馬蒙兄弟之間的哈里發之爭，這種分裂局勢短時間內是無法解決的。原本阿拔斯王朝還勉強維持住「唯一哈里發統治下的單一伊斯蘭社群」的假象，後來也變得後繼無力。

阿拔斯革命的目的之一是推舉穆罕默德的近親為領袖，重振「正統領導者統治下的伊斯蘭社群一體性」。不過阿拔斯王朝成立後，至少現實世界的伊斯蘭一體性並未恢復。

相對地，人們擁有各地獨特的榮景，以及自由往來周邊各國的社會。這也是以伊斯蘭教為主的體系融入當地社會風俗的過程。隨著阿拔斯王朝的權威衰微，這些地方建立了各個王朝，並以伊斯蘭教做為治理依據，孕育出特有的文化。

在此之後保障「伊斯蘭世界一體性」的是烏理瑪，以及由他們負責的伊斯蘭法體系。如同阿拔斯王朝以穆罕默德的「後繼者」名義來正當化哈里發的權威，烏理瑪亦透過解讀《古蘭經》或是應用聖訓，來鞏固源自穆罕默德的權威。他們時而跨越政治權力的界線，以自身知識作後盾，藉由伊斯蘭法來聯繫非單一哈里發統治的領域。當然，烏理瑪也並非團結一心，但源自穆罕默德的權威卻維持了這樣的假象。就「回歸源自穆罕默德的權威」這層意義來看，阿拔斯革命堪稱是重要的推手。

3 古典晚期社會與伊斯蘭教的出現

古典時代晚期與穆罕默德

七五〇年前後兩百五十年，也就是西元五〇〇年到一〇〇〇年這段期間，是中東在伊斯蘭教支配下，從古典時代晚期轉變為延續至今的伊斯蘭社會的時代。相較前兩節，本節將從更宏大的觀點來探討古典晚期社會與伊斯蘭教起源的關係。

所謂的「古典時代晚期」（Late Antiquity）是一九七〇年代彼得．布朗（Peter Brown）首度使用的時代劃分詞彙，爾後迅速普及，意指介於統治環地中海地區的羅馬帝國「衰退」到歐洲中世紀開始的時期。當時以基督教為主的一神教信仰在中東廣為流傳且漸趨激進，是信仰狂熱蔓延的時代。

古典時代晚期雖可說是基督教勢力及教義逐漸發展的時代，然而中東的基督徒卻未必齊心一志。他們分裂成各個教派，同時還有基督教出現前便已存在的猶太教、祆教或多神教信仰，以及受基督教影響的摩尼教等形形色色的宗教信眾。此外，基督教內部各派更在教義上產生嚴重對立，不過多數人未必對這類神學論爭感興趣。歷史學者坦努斯（Jack Tannous）曾以使用敘利亞語的基督徒為主要研究對象來分析當時的中東社會，他稱當時的這群人為「單純的信徒」（simple believers）。儘管他們透過教會儀式參與基督教，卻幾乎對三位一體或其他基督教論爭毫無所知。坦努斯表示，不光是一般信徒，教會成員也多半如此，其他宗教的信仰者恐怕也是相同情況。

就政治面來看，西元五〇〇年左右的中東地區持續被羅馬帝國（拜占庭帝國）與波斯薩珊王朝瓜分，六世紀中期羅馬帝國查士丁尼一世（五六五年歿）及薩珊王朝的霍斯勞一世（Khusrau I，五七九年歿）各自改革陋習，確立了更穩固的體制。兩個帝國之間時戰時和，也不斷與東西方其他勢力交戰。這兩個國家分別以基督教與祆教為國教，為了實現各自教義提及的末日救贖而爭鬥不休。不過雙方並未就此中斷交流，尤其在古典晚期的最後，猶太教徒和羅馬帝國境內的異端基督徒還將希臘學術傳入了薩珊王朝。

七世紀前期穆罕默德宣揚伊斯蘭教時，阿拉伯半島西部正好與上述古典時代晚期社會接鄰，故伊斯蘭教可說是在古典晚期延伸線上出現的宗教，不過近代以來的主流史觀，長期都將古代中東與伊斯蘭教興起後的中東分開看待。原因有二。一是穆斯林談論歷史時，往往將穆罕默德以前的時代定位成尚未認識伊斯蘭教的「蒙昧時代」（Jahiliyyah）。而阿拉伯半島離中東主要地區較遠，古代文明傳統傳播有限，影響之下也使得穆斯林史觀沒有關於與古代文明間直接繼承關係的描述。

再者是近代西歐的學者在依循近代歷史學重新建構中東歷史時，將埃及和美索不達米亞等地的古文明視為早於希臘羅馬的文明而納入歷史系譜，卻把伊斯蘭時代以後的中東視為「異教徒」統治地區，跟自身的歷史切割開來。一直到近年這樣的觀點才逐漸修正，歷史學者開始把伊斯蘭教放在古典時代晚期的環境中加以研究。

不過關於伊斯蘭教創立的歷史背景，也就是穆罕默德的為人如何，又對當時社會造成什麼樣的影響，由於他活躍的阿拉伯半島西部位於古典晚期中東的邊陲地帶，因此難以判斷。當然，穆斯林們也留下許多關於穆罕默德的資訊，談論伊斯蘭教發祥的歷史時基本上皆以此為依據。不過當今我們所知的穆罕默德相關事蹟，幾乎都來自於阿拔斯王朝以後彙整而成的口傳內容。就近代西方理性主義的角度，亦即現代歷史學的標準來看，這種僅以後世信徒的紀錄來描繪某宗教創始人的資料，很難稱得上「客觀」。

然而，若從古典時代晚期中東世界的觀點來看，穆罕默德應該是古典晚期末出現在中東的諸多宗教人士當中最為成功、影響最為深遠的人了。

伊斯蘭教義的形成

儘管有些西洋研究者主張伊斯蘭教的起源完全不若穆斯林所言，基本上伊斯蘭教的核心還是奠基於穆罕默德時代。同時代猶太教徒和基督徒留下的片段記述中，也幾乎找不到足以推翻伊斯蘭教傳承的證據。

穆斯林的傳承結合了穆罕默德的人生經歷，講述教養與祭儀的由來。據說穆罕默德四十歲時得天使吉布列（加百列）降示創立一神教信仰，此後穆罕默德信奉唯一真主，覺醒成為先知。例如伊斯蘭教有「六信五功」＊的基本原則與功課，雖然五功幾乎確定始於穆罕默德時代，卻難以斷定是經歷了怎樣的過程才演變成現在的形式。

五功第一項為念清真言，即接受一神教信仰，承認穆罕默德為先知，改宗時須公開念誦。這是伊斯蘭教最重要的部分。然而其中的第一句「萬物非主，唯有真主（阿拉）」（La illaha ill Allah）和第二句「穆罕默德是真主的使者」（Muhammadur Rasul Allah），卻不曉得是從何時開始結合使用。在後世的穆斯林眼中，自然是源自穆罕默德時代，但若以可信的同一時代史料為基準，觀察少數遺留下來的貨幣銘文和石碑碑文上的清真言，可以發現這兩句曾有過幾次變化。然而在穆罕默德去世後約半世紀的時間內，這兩句都未曾結合在一起使用。

例如在約旦發現被認為是七世紀的碑文，內容為「我作證，『萬物非主，唯有真主』」，並未提及穆罕默德。另外，第二句「穆罕默德是真主的使者」首見於第二次內亂期間自稱哈里發的伊本・祖拜爾在伊拉克地區發行的貨幣銘文，不過卻沒有第一句。直到平定第二次內亂的伍麥亞王朝第五

＊六信為穆斯林的六大信仰原則，包括信真主、信天使、信經典、信先知、信最後審判、信前定；五功則為五項基本功課，包括念（念清真言）、禮（一日跪拜祈禱五次）、齋（齋戒月禁食）、課（捐獻義務稅項）、朝（到麥加朝聖）。

任哈里發阿卜杜·馬利克進行貨幣改革後，兩者才同時出現在貨幣銘文上，但新發行的貨幣把第一句擺在幣面中央，第二句卻置於外圍，比重相當不均。而在伍麥亞王朝的貨幣上，第一句後面接的是「神是唯一，無人能出其右」，強調穆斯林不同於遵奉三位一體的基督徒。

以官方性質的同時代史料來說，最早對等並列兩句話的，是阿拔斯王朝發行的貨幣。貨幣正面中央為第一句，背面中央則是第二句。此安排應是要強調阿拔斯家族即為「穆罕默德家族」，也就是穆罕默德的近親，帶有將什葉派立場納為己有的政治意圖。隨著伊斯蘭教的架構在阿拔斯王朝漸趨明確，以及當時社會的交互影響下，表明穆斯林身分認同的「清真言」也跟著固定下來。

關於「伊斯蘭教」和「穆斯林」等用語何時與身分認同結合，實際上也是眾說紛紜。初期清真言使用的動詞多為「我相信」，而非「我作證」。如同美國歷史學者多南（Fred McGraw Donner）在《伊斯蘭世界的誕生》(*Muhammad and the believers*) 中提到的，初期伊斯蘭時代信眾的身分認同並非「穆斯林」，而是「穆民」(Mu'min)，意即「信士／信仰者」，泛指一神教信徒，顯見初期伊斯蘭時代一神教信仰的界線並不明確。

此外，侍奉伍麥亞王朝哈里發阿卜杜·馬利克的基督徒，大馬士革的聖約翰（Yuḥanna Al Demashqi，七四九年歿）也視阿拉伯人信仰的新興宗教為基督教的異端之一。這種看法雖然含有基督徒對「新興宗教」的偏見，另一方面卻也暗示著在當時的社會裡，此信仰並沒有明確的架構。

圖 1-3
阿拔斯王朝發行的貨幣
正面（上圖）為「萬物非主，唯有真主」，反面（下圖）為「穆罕默德乃真主的使者」，兩句皆置於幣面中央。

然而中東地區的基督教，也並非全體皆有一致的教義。基督教將耶穌定位為神子與彌賽亞，伊斯蘭教卻把耶穌視為人類先知，置於猶太教以來的先知系譜，也否定基督教神性與三位一體等觀念。不過這種思維並非伊斯蘭教首見，也同樣存在於古典晚期中東多元化的基督教思想之內。根據紀錄，八世紀後期伊拉克北部當地領主就是一位抱持這種想法的基督徒。

伊斯蘭教的出現，最終讓中東轉變成以之為基礎、並將各種不同群體包攝其中的「伊斯蘭社會」，不過這些信仰未必有明確的區分。這代表伊斯蘭教創立時應該是獨立於中東核心區域的宗教現況之外，社會也非一夕之間突然改變，而是在先前模糊不清的宗教認同中逐漸成形。

阿拔斯王朝期間多宗教社會的形成

在這種情況下，特別是進入阿拔斯王朝以後，哈里發不時傳喚基督教主教，辯論伊斯蘭教和基督教，穆斯林中也常有人被視為異端遭受排擠。這跟阿拔斯王朝期間以穆罕默德為中心的伊斯蘭教架構逐漸穩固有關。伍麥亞王朝的伊斯蘭政權缺乏直接掌握統治人民的體系，直到阿拔斯王朝初期才有機會清查人口並加以課稅，這點也與上述現象相互呼應。

伊斯蘭大征服初期，阿拉伯穆斯林戰士往往駐紮在遠離當地居民的地方，形成軍事城市米斯爾(Misr)，最具代表性的有伊拉克的巴斯拉、庫法和埃及的福斯塔特。而在敘利亞的大馬士革，原本的市區內便有穆斯林居民，在清真寺尚未建造之前，穆斯林和基督徒都共用基督教教會，緊鄰著彼此禱告。

另一方面，遠離核心城市的地區仍維持舊有體制，多半由非穆斯林的在地有力人士負責徵稅等行政事宜。如前節所述，阿拔斯王朝第二任哈里發曼蘇爾施行新的政策，從過去的間接支配改為直接控制，這點從七六五年呼羅珊的納稅證明可見一斑：

奉至仁至慈的真主之名，總督易卜拉欣・賓・葉海亞所屬二名徵稅官優素福・賓・阿卜杜勒與哈桑・賓・瓦拉贊，於阿朵及莉茲姆（地區）開立納稅證明。米爾・賓・比克已繳清一四六年度（希吉拉曆）哈拉吉，共十迪拉姆，故得免其責。開立於一四七年都爾喀爾德月初。

——Geoffrey Khan, *Arabic Documenets: From Early Islamic Khurasan*, pp.94-95.

此份文件推測為總督派遣的兩位徵稅官對在地非穆斯林居民米爾・賓・比克開立的納稅證明，金額也是較小額的十枚銀幣。相較之下，伍麥亞王朝的稅務文件則多半是對在地有力人士的集體課稅通知。

而在被統治的基督徒所寫下的文獻史料中，同樣可以看見這類試圖掌控個人的措施。根據開頭引用過的《祖琴編年史》，七七一年前後，曼蘇爾於橫跨現今伊拉克北部與敘利亞東部的賈茲拉地區實施新政策，目的是完全掌控人民的土地及財產，藉此向全民課徵各種稅金。此外，同一份史料的記述顯示穆斯林也被視為一般納稅者，同樣得接受調查。這改變了穆罕默德時代及大征服時期以來的慣例，也就是僅對穆斯林徵收被稱為喜捨（ṣadaqa，自願性捐款）或是天課（zakat，義務性）等宗教稅的原則。根據史料敘述，這項變革構思於伍麥亞王朝第八任哈里發歐麥爾二世時代，到了阿拔斯王朝才臻於完善並付諸實行。

在伊斯蘭大征服時期，來自阿拉伯半島的少數阿拉伯戰士統治著多數在地居民。除了各地差異性大，之後很長一段時間內穆斯林仍舊只占少數。在這種情況下，穆斯林與猶太教徒、基督教徒、祆教徒等當地居民進行各種「交流」，在這樣的過程中建立了以伊斯蘭教為前提的社會，使得伊斯蘭教的架構變得更加穩固。

在伍麥亞王朝體制下，來自阿拉伯半島的阿拉伯穆斯林與受庇護的烏理瑪之間地位尊卑有別。阿拔斯革命解決了這個差異，阿拔斯王朝期間穆斯林與非穆斯林之間更是漸趨平等。當然，差別待遇並非完全消弭：非穆斯林仍須課徵人頭稅吉茲亞，而儘管不具太大實效性，但禁止非穆斯林擔任行政職務的法令依然存在。不過這樣的伊斯蘭社會仍是由信奉各種宗教的人構成，而且至少在城市裡，大多數人參政的自由度也較高。

橫跨宗教及語言邊界的知識交流

自從紙由中國傳入並於中東世界普及以來，各種知識書籍大量流通，使得伊斯蘭世界的學術在阿拔斯王朝時期日趨興盛。一般認為，造紙術是唐朝軍隊與阿拔斯王朝爆發「怛羅斯戰役」時經中國俘虜傳入中東世界，但那不過是坊間傳聞，實際上中亞早已用布取代桑樹製紙，並傳至中東及西方。

對穆斯林而言，最重要的學問是聖典《古蘭經》，以及做為輔助的穆罕默德相關言行（聖訓）。兩者被視為穆斯林應遵循的伊斯蘭法源。

穆罕默德時代究竟如何理解《古蘭經》，受限於史料不足，這點難以確知。當然，穆斯林始終相信穆罕默德對《古蘭經》了解最深，不過對阿拔斯王朝時期的人們來說，有些部分已經無法精準理解。為了釐清原意，正確了解內容，人們開始為《古蘭經》增添註釋，針對閱讀過程中語意不明及解釋分歧處加以說明，並彙整成冊。此外，由於非阿拉伯母語的新改宗者閱讀《古蘭經》前必須先學習阿拉伯語，相關文法書也應運而生。

至於聖訓，當初也是彙整自口耳相傳的內容，再由聖訓之徒彼此傳承編輯成冊。由於聖訓是穆斯林應遵循的規範，難免出現捏造或誤傳等爭議，因此又衍生出探究其真實性的傳承者列傳等書籍類別。

此外，包含研究伊斯蘭法及歷史等領域的學者在內，鑽研「伊斯蘭教」相關學問的人後來被稱作烏理瑪，並逐步參與伊斯蘭社會的運作，但在「學問」方面並非只有他們獨大。阿拔斯王朝初期，伊斯蘭教尚未創立前的傳統學問便已經相當發達。

舉例來說，九世紀的歷史學家兼地理學家雅庫比（al-Yaqubi），便曾這樣描述阿拔斯王朝第二任哈里發曼蘇爾：

> 曼蘇爾是最早下令將古代波斯文書籍翻譯成阿拉伯文的哈里發。他任內引進的譯作有《卡里來與笛木乃》（*Kalila wa Dimna*）、《婆羅摩曆算書》（*Zij al-Sindhind*）、亞里斯多德諸多著作、托勒密的《天文學大成》（*al-majisṭī*）、歐幾里得的《數論》及諸多著作，另外還有天文、算術、藥學、哲學等領域的非阿拉伯文書籍。
>
> ——al-Yaqubi, *The Works of Ibn Wāḍiḥ al-Ya'qūbī*, tr. M. S. Gordon et al., pp.45-46.

阿拔斯王朝自伊朗東北部的呼羅珊起兵，又定都於舊薩珊王朝境內的伊拉克地區，因而承襲了強烈的波斯文化色彩。這些文化遺產當初應該都是從波斯文翻譯而來。

不過翻譯運動的主軸逐漸從波斯文移向原本就以希臘文寫成的書籍，活躍其中的是在伊斯蘭教之前便已居於伊拉克地區的基督徒。他們大多精通東地中海基督徒常用的敘利亞文，而敘利亞文與阿拉伯文又歸類在同一系統。透過將已譯為敘利亞文的希臘文書籍轉譯成阿拉伯文，或先將希臘文譯為敘利亞文再翻成阿拉伯語，這些希臘學術知識在伊斯蘭社會廣為流傳。如同前述資料，傳入伊斯蘭社會的知識包括了醫學、哲學、數學、藥學、天文學等各式各樣的範疇。

這些知識不光是為了滿足學術上的好奇心，更與當時的社會需求息息相關。例如阿拔斯王朝第三任哈里發馬赫迪時期，亞里斯多德的邏輯學著作《論題篇》（*Topics*）從敘利亞文譯為阿拉伯文，目的就是為了加強論證技巧，避免在神學論爭中輸給基督徒。以聖訓做為伊斯蘭法源應用於類似事例時，同樣使用三段論法（Syllogism）做為基本推論方式，顯見上述的辨證原則已被納入伊斯蘭體系。

此外，從事出版的「瓦拉克」（warraq）也是支持這類學術活動的力量之一。阿蘭．修比出身伊朗南部的法爾斯，他原本在巴格達開店，以謄寫文書為業，之後獲得阿拔斯王朝的官僚艾哈邁德．賓．阿比．哈立德賞識，擔任他的書記，後來又為阿拔斯王朝第五任哈里發拉希德及第七任哈里發馬蒙效力，在「智慧宮」（Bayt al-Hikmah）從事抄本工作。過去普遍認為智慧宮是馬蒙設立的翻譯機構，不過近年亦有論點認為它是源自薩珊王朝的傳統宮廷圖書館。雖然不確定實際情況為何，但自馬蒙時代以來，智慧宮發揮了生產各類學術相關書籍的功能，參與其中的也包括了具備波斯文化背景的書店經營者。

透過十世紀活躍於巴格達的書商伊本．納迪姆（Ibn al-Nadim，九九〇年歿）所著的《目錄》（*Kitāb al-Fihrist*），不難想像這類文化活動留下了多麼豐碩的成果。內容包含伊斯蘭學、法學、歷史、天文學、醫學及其他科學，收錄了各領域書目及作者相關資訊，可見當時流通於巴格達的知識兼具深度及多元性。

一般在談論阿拔斯王朝的翻譯運動時，大多提及穆斯林為吸取他人知識，會將希臘文、敘利亞文、波斯文等書籍譯為阿拉伯文。不過另一方面，基督徒也會運用阿拉伯文。

為了更深入了解聖典《古蘭經》，穆斯林發展出《古蘭經》註解學，但基督徒也利用《古蘭經》的內容謀求自身的正當性。例如耶路撒冷的修道士曾經仔細辯證耶穌的奇蹟，並得出以下結論：

新約聖經〔阿拉伯語稱引支勒（*Injīl*），意指耶穌傳〕裡提到了眾多奇蹟中的幾個。而《古蘭經》也提到了 al-mim。此書無疑是指引虔誠信徒的明燈。al-mim為最早用來指稱「彌賽亞」的詞彙。

——《聖凱薩琳修道院阿拉伯語抄本》四三四，一七八張背面—一七九張正面這是當時基督徒對《古蘭經》及內文中的神祕字串 al-mim 所做的解釋。《古蘭經》有幾章是以阿拉伯文字母開頭（此例為 alif: a，lam: l，mim: m），而阿拔斯王朝時期的人早已不解其意。這裡不僅肯定《古蘭經》是「指引虔誠信徒的明燈」，更把神祕字串解釋為耶穌基督的「masih」（阿拉伯語的彌賽亞）之首個字母 m 加上定冠詞 al-，主張伊斯蘭聖典也暗示了耶穌的救世主性質。如同前面所述，阿拔斯王朝的穆斯林和基督徒時常進行宗教（神學）辯論。由此可見，基督徒在構思自己的論述前，已經先掌握了穆斯林的辯證依據。

就社會面來看，基督徒也充分了解伊斯蘭社會的架構，藉此謀求自身利益。以下所舉的例子，是穆罕默德在納季蘭給予基督徒的安全保障契約。這原本是穆罕默德在世時針對基督徒待遇問題所簽訂的契約，到了阿拔斯王朝，基督徒為了減輕當局的課稅，便提出這份契約文件。文件內容除了強調不得侵犯基督徒的人身安全及財產外，為了正當化自身言論，基督徒更引用《古蘭經》及先知穆罕默德的言行。前面提到，穆斯林皆須遵守伊斯蘭法，而《古蘭經》和聖訓是最重要的法源。基督徒依循著穆斯林的歷史脈絡，並利用穆斯林的邏輯來確保自身立場。

另一方面，雖然居住在伊朗的人們伊斯蘭化速度較快，但他們也漸漸開始使用阿拉伯字母拼寫母語波斯語。九到十世紀間支配呼羅珊到中亞一帶的薩曼王朝，其中開始出現以阿拉伯文書寫波斯文著作的活動，成為日後波斯語文化圈的先驅。除了翻譯阿拉伯文著作，他們也重新詮釋伊斯蘭教創立前的古代波斯文化遺產，《列王紀》（*Sah namah*）正是其中的代表。

包含中亞在內，當時的中東伊斯蘭社會是多民族、多語言、多宗教並存的地區，彼此以各種形式產生連結。雖然這並非刻意而為的結果，但伊斯蘭勢力統治了中東大部分區域，使得古典時代晚期社會再度被攪拌混合，並催生出一個非穆斯林也能不時參與其中的全新社會。這個社會受伊斯蘭教進入中東的影響很深，故筆者認為可以將其稱為「伊斯蘭社會」。當然，一般人的生活和觀念改變並非一蹴可幾，但社會確實逐漸產生了新的樣貌。

第二章　西方基督教世界的形成

菊地重仁

1　法蘭克王權與教權

王朝交替紀錄

墨洛溫王朝與卡洛林王朝的政權交替，是八世紀中葉歐洲發生的重大轉折之一，本章將從四份相關史料開始介紹。自墨洛溫王朝的克洛維一世（Clovis I）死後，法蘭克王國由諸子分治幾乎已成常態，其中之一的奧斯特拉西亞王國，在七世紀結束前皆由丕平二世（Pepin of Herstal）與阿努爾夫的後裔擔任宮相，實際權力掌控於此家族手中。在未稱王的情況下，查理・馬特（即鐵鎚查理，七二〇前—七四一年在位，卡洛林家族名稱源自其名）是實質上統治法蘭克王國全土的國王。查理死後，墨洛溫王朝雖然又立了位國王，但實際上是由繼承宮相的查理的兩個兒子分治。七四七年長子卡洛曼（Carloman）引退後，矮子丕平（Pepin the Short，又稱丕平三世，七四二—七五一年在位宮相，七五一—七六八年在位國王）獨攬大權，統治王國全土，並於七五一年發動「政變」（coup d'État）取代墨洛溫王朝。政變結束後不久，卡洛林家族親屬託人撰寫《弗萊德加編年史續編》（*Continuationes Fredegarii*），以下為針對此事的敘述：

> 當時在全法蘭克人的建議及同意下，尊貴的丕平向使徒座（聖座）提議，事先徵得其權威（auctoritas，應指具效力之文件，以下同），並遵循古老的傳統，由全法蘭克人選出國王，經主教們的聖別（consecratio）儀式及有力人士們的服從禮，帶著妃子貝特拉達（Bertrada）登基。

七八七至七九三年由宮廷相關人士編著的《法蘭克王國編年史》（*Annales regni Francorum*）中，也有相關敘述：

> （丕平）派遣烏茲堡主教伯查德（Burchard）與宮廷禮拜堂長（capellanus）富爾拉德

（Fulrad），詢問教宗匝加利亞（Zachary）對於當時法蘭西亞*諸國王不具權力（potestas）的情況有何看法。教宗匝加利亞如此答覆：比起不具權力者，有權力者更適合稱王。為了穩定秩序（ordo），他憑藉著使徒（的繼承者教宗）權威，任命丕平為王。（翌年）丕平依循法蘭克人的傳統，於蘇瓦松被遴選為王，並由享有盛名的故大主教聖波尼法爵（Saint Boniface）親自施以膏油（unction），在法蘭克人的見證下登基。偽王希爾德里克（Childeric III，墨洛溫王朝最後一位國王）則被剃髮，送至修道院。

八〇六年左右，洛爾施隱修院編纂了《小洛爾施編年史》（*Annales Laurissenses minores*），院長阿德隆與宮廷關係密切，書中以強烈的親卡洛林家族色彩描述了這次政權交替：

主道成肉身第七五〇年，丕平派遣使節拜訪羅馬教宗匝加利亞，就法蘭克人的國王們提出質疑。他們出身王室家系，名義上稱王，在王國內卻不具實權，除了在證書和特權狀上署名、完成宮相的要求以外，實際上沒有任何權力。三月集會之日，諸王雖依慣例接受民眾進貢，然而他們被士兵簇擁著迎向寶座，在宮相的監督下，完全遵照法蘭克人的安排發號施令，其餘時間

* Francia，法蘭克王國的拉丁別名。

則深居宮中不出。因此，教宗匝加利亞據其使徒的權威回覆使節：不由偽王，而由掌握實權者稱王，會更有助益。於是前述的主教對國王及法蘭克人下令，由行使王權的丕平稱王登基，經大主教聖波尼法爵於蘇瓦松施以膏油禮後正式生效。偽王希爾德里克則被剃髮，送至修道院。

《法蘭克王國編年史》推測曾在八一四到八一七年間修訂，將此段改寫如下：

> 烏茲堡主教伯查德與身為宮廷禮拜堂長的神父富爾拉德奉命拜訪羅馬教宗匝加利亞，就當時法蘭西亞諸王徒有王之稱號（nomen）卻不具實權的狀況向教宗請教。教宗要他們轉告（丕平）：應由掌握至高權力者稱王。他授予自身權威，任命丕平為王。（隔年）丕平應羅馬教宗裁示，被擁立為法蘭克王。為合乎這份榮譽的位階，丕平由享有盛名的殉教者、故大主教聖波尼法爵親自施以膏油，依循法蘭克人的傳統登基。

以上四份著於不同時期的史料，皆出自宮廷相關人士之手，故內容多有相通之處，也都具有親卡洛林傾向。但除了描述細節多寡的差異之外，這些史料亦各自反映出撰稿當時的政治局勢與思考模式。前述第一份引自《弗萊德加編年史續編》的段落著於七五一年，為丕平即位後不久的時期。當時教宗的重要性有限，若據原文描述，教宗不過是以書面形式追認法蘭克方面的提議，並可推論

查理曼時代的歐洲（8-9 世紀）

法蘭克有力人士之間早已協議好讓丕平即位。

第二份《法蘭克王國編年史》則強調教宗的「判斷」與「命令」。該書初版應是在查理曼（七六八—八一四年在位）降服表兄弟巴伐利亞公爵泰西羅三世（Tassilo III，七四八—七八八年），開始併吞其領地的時期編纂而成。此時法蘭克王國已經併吞了後述的普羅旺斯、亞奎丹，以及七五〇年對羅馬教會造成巨大威脅的倫巴底王國，版圖亦較當時擴張許多。這段期間教宗更於七五四年（丕平及兩位兒子）和七八一年（查理曼的兩位兒子）為卡洛林家族成員舉行祝聖膏油禮，象徵卡洛林家族與羅馬教廷關係的緊密。另外值得注意的是，隨著基督教的統治觀念趨於成熟，維持「秩序」（ordo）也成了國王的職責。

第三份《小洛爾施編年史》主要描述「王室」墨洛溫王朝，撰寫於丕平之子查理即位後，八〇六年規範帝國繼承形式的《分國詔書》（*Diviso regnorum*）頒布不久。到了此時，丕平以下的第三代明確以君王身分統治法蘭克王國，卡洛林家族顯然已被視為「王室」。此外，「帝國分割令」也寄至羅馬徵求教宗同意。

最後提到的《法蘭克王國編年史》推測應修訂於八一四年查理曼死後，唯一繼承人虔誠者路易（Louis I，八一四—八四〇年在位）即位不久時。該文本側重「稱號」（nomen）與「權力」（potestas）的對應關係。雖然從《小洛爾施編年史》亦可讀出蘊含該意，但在《法蘭克王國編年史》修訂版中，權力與稱號相符的必要性變得更加明確。這應是八〇〇年教宗利奧三世（Leo III，七九五—八一六年在位）於聖誕節為查理曼加冕以來，特別是在與拜占庭帝國交涉的過程中，對皇帝稱號格外講究所造就的結果。

無論就現代或是卡洛林王朝時期的人看來，這些事件都具有劃時代的意義。而隨著時間流逝，部分事件又不斷被詮釋、重新賦予歷史定位。本章將參考中世紀早期人們的考察，活用現代更宏觀視角的優勢，來探討七五〇年前後發生的一連串現象所造就的轉換期，以及迥異於過去的歷史發展。另外值得關注的是，一般被歸類為「卡洛林文藝復興」的廣義文化現象，例如王國統治、基督教形式及文字語言文化等各領域之中，同時代的人使用了「再生」（renovatio）和「匡正」（correctio）的概念，由此也可看出「轉換」的意涵。

「歐洲世界」與「基督教世界」

首先來界定本章的時代背景。卡洛林時期的法蘭克王國歷史往往和「歐洲世界的誕生」相提並論，這樣的連結形象跟二十世紀後期以降、歷經兩次大戰歐洲危機的論述一樣，帶有某種政治性。這大約也跟一九五七年成立的歐洲經濟共同體會員國地理邊界與查理曼法蘭克王國的版圖相互重疊有關。在一份經常被引用、歌頌七九九年查理曼與教宗利奧三世會談的詩文史料中，就稱查理曼為「歐洲的燈塔」及「歐洲之父」。不過，這裡的「父」指的並不是「歐洲」的創始者，而是在該空間行使家父長權威的存在。此外，「歐洲」一詞涵蓋的空間也不明確。這個延續古代三大世界——歐洲、亞洲、非洲——的概念，出現在卡洛林時期用來歌功頌德的文章裡面，無疑具有正面的意義。然此非指這查理曼統治已知的「歐洲」，而是將查理曼的統治區域譽為「歐洲」。除了上述的詩文史料，查理曼在世時以「歐洲」概念提及統治區域的例子，僅有修道士卡特伍爾夫（Cathwulf，七七五年）及宮廷知識巨擘阿爾琴（Alcuin，七九〇年）寄給查理曼的兩封書信。這裡必須注意，他們二人皆出身不列顛島，也就是法蘭克王國以外的地區。接著來看八世紀中葉的史料，提及七三二年圖爾戰役的《莫札拉比編年史》（*Mozarabic Chronicle*）。作者是在穆斯林統治下的托雷多一帶基督教神職人員，稱鐵鎚查理率領的阿爾卑斯山以北「聯軍」為「歐洲人」，但這樣的用法僅為特例，是為了與「阿拉伯人」相對，作者才如此稱呼這群聽命於據守奧斯特拉西亞的法蘭克王國宮相鐵鎚查理，由來自不同「故鄉」（patria）人們所組成的眾「北方人」集團。換言之，此處的「歐洲」並不是一個完整且具體的意象。此外，伊比利半島不包含在「歐洲」之內，這點也有別於我們現在對「歐洲」的認知。

另外要強調的是，儘管查理曼及其宮廷透過連同稱號在內的文書格式、貨幣、王宮建築等各種形式，竭力宣揚自身的統治權，但他卻沒用到「歐洲」概念。如同德國歷史學者克勞斯．奧歇馬（Klaus Oschema）所言，當時「歐洲」的概念尚未具備政治上的具體性。

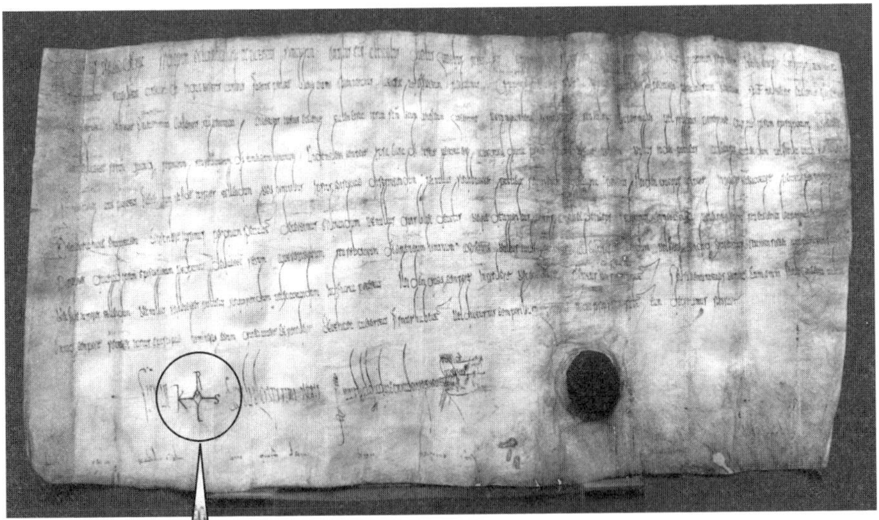

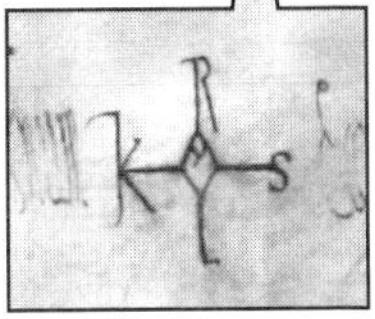

圖 2-1
上：國王證書
左：查理曼的花押字（由 KAROLUS 組成的文字記號）

本書以「普遍世界的鼎立」為題，這種說法聽起來不免有些矛盾，但若將法蘭克王國卡洛林王朝視為西方「普遍世界」的核心之一，著重探討王朝的前半時期，應可稍稍印證這樣的說法。首先，此時的法蘭克王國掌握了歐亞大陸西部的霸權，成為多民族的國家，君王查理曼經由著名的八〇〇年聖誕節加冕，取得具普遍性權威，且獨立於直接延續帝政羅馬時期的拜占庭君權之外的王權。

再者，西方「基督教世界」這個龐大框架，也是在卡洛林時期逐漸形成與擴大。當然，必須留意的是，西方「基督教世界」與法蘭克王國的版圖並不一致。例如本章提到的不列顛群島基督教社會，是跳過法蘭克國王的王權，直接與羅馬教廷來往。不過可以確定的是，此時期的西方「基督教世界」具有某種程度的多樣性，同時也在法蘭克國王的提倡下不斷擴大、強化統一性。此外，法蘭克王國的國王們也與主張在「基督教世界」居領導地位的教宗們加強聯繫，西方世界的兩大權威（王權與教權）在卡洛林王朝期間時而合作，時而對立。

圖 2-2
左：七九三／七九四年左右的第納里烏斯銀幣（查理的花押字與十字架圖樣）
右：皇帝加冕後的第納里烏斯銀幣（查理曼的肖像與教會圖樣）

圖 2-3　亞琛大教堂（過去的宮廷禮拜堂）保存的查理曼寶座

教導者的統治典範

如同前述，在法蘭克王國內部編撰的歷史書籍中，已經認知到教宗匝加利亞（七四一—七五二年在位）的裁示對丕平七五〇年前後的「政變」至關重要。另一方面，當時羅馬教廷撰述的歷任教宗傳記《教宗列傳》（*Liber pontiicalis*）中，在教宗匝加利亞傳的部分並未提及此事，可見當時教宗身邊的人對法蘭克王權關注度不高。然而七五二年教宗匝加利亞去世後，繼位者斯德望二世（Stephen II，七五二—七五七年在位）最遲也在七五三年秋天透過互通使節與丕平聯絡，展開教宗史上首度的出訪法蘭克西亞之旅，而此時新的法蘭克王權確實也成為教廷對抗威脅羅馬北方倫巴底勢力的救命稻草。

另一方面，自七世紀中葉起，羅馬教宗與拜占庭皇帝已經因為基督一志論＊等教義問題起過衝突，到了八世紀雙方關係更加惡化。羅馬是帝國的一部分，皇帝是羅馬教會的保護者，自從查士丁尼一世（Justinian I）再度收復義大利後，教廷遴選教宗時皆照例請示君士坦丁堡宮廷或拉溫納總督，並支付大量金錢換取同意。然而七一一年，皇帝查士丁尼二世（Justinian II）與教宗君士坦丁（Constantinus）的會談，卻是羅馬教宗最後一次拜訪君士坦丁堡。這跟之後繼位的教宗額我略二世

＊ Monothelitism，基督教派之一，主張耶穌基督只有一個上帝的意志，而不同時具有人的意志。

（Gregory II，七一五—七三一年在位）及三世（Gregory III，七三一—七四一年在位）明確反對皇帝利奧三世（Leo III，七一七—七四一年在位）禁止聖像畫，與皇帝發生衝突有關。先前利奧三世已經因為加強對教宗國課稅而招致反彈，後來又剝奪教宗對伊利里庫姆、南義大利及西西里的管轄權，移交給君士坦丁堡大主教管理，甚至沒收南義大利及西西里的教宗國領地。七五二年教宗匝加利亞去世後，東地中海地區出身者繼任羅馬教宗的慣例就此中斷，此後教宗即位也不再徵求拜占庭皇帝的同意。

乍看之下，教宗似乎剛好在七五〇年左右將注意力從東方轉向西北方，但他們跟法蘭克人的關係並不僅止於此。在教義和儀式問題上，墨洛溫王朝時期的法蘭克王國普遍承認羅馬教會的神性權威，修道院亦為了遏止當地主教的影響力，而必須尋求教宗保護。而在卡洛林家族擔任宮相期間，教宗屢次請求鐵鎚查理協助對抗倫巴底，卻遭到拒絕，主要原因是查理與倫巴底王利烏特普蘭德（Liutprand）之間存在著同盟關係。儘管如此，教宗仍持續寫信給查理。自七三九年後半算起的兩年間，倫巴底人和羅馬教廷之間維持著政治上的平衡，有研究者認為這應是查理居中斡旋的緣故。此外，來自不列顛島的威弗列德（Winfried）等盎格魯撒克遜人傳教士日後於日耳曼尼亞及低地地區從事傳教工作，教宗也與卡洛林家族的宮相們在這件事上攜手合作。例如教宗額我略三世，為了促進七一八年由額我略二世賜與「波尼法爵」（Boniface）之名的威弗列德於日耳曼尼亞的傳教活動，便於七三二年將他晉升為大主教，七三八年又任命為日耳曼尼亞的教宗特使，期間鐵鎚查理也發給波尼法爵保護狀。不過因為擔心奧斯特拉西亞的主教們及世俗有力人士反彈，援助始終有限，成果也不盡人意。

包括波尼法爵傳教活動以及法蘭克王國的教會改革，繼承宮相職位的查理之子卡洛曼與丕平對這類教宗權威事務都非常重視，積極給予支援。這也為他們身為統治者的言行帶來影響。七四二年由波尼法爵主導，於卡洛曼領地某處召開了宗教會議（即日耳曼尼亞宗教會議），會議召集人卡洛曼與其說是以統治者的形象，不如說是以基督徒靈魂的救贖者之姿出席，而這也合乎羅馬教會延續自教宗額我略一世的「牧者」（pastor）及「教導者」（lector）理念。德國學者莫尼卡．蘇漢（Monika Suchan）認為，這次的日耳曼尼亞宗教會議是統治者被比喻為引導、教誨信眾牧者的契機。在聖經《武加大譯本》（*Vulgate*）中，「教導者」的意義已相當於舊約聖經中的諸王。此外，遵循這次會議的決議，往後宮相們頻繁參與宗教會議，日後丕平也接納相同的教導者統治典範，與教宗（當時為匝加利亞）保持書信往來。此即七五〇／七五一年「轉換」的背景。

不過必須留意，對法蘭克人而言，教宗的裁示，或者說與羅馬教廷的合作，並不是在七五一年後就立即具有絕對的重要性。例如上述教宗斯德望二世提出的軍事遠征請求，法蘭克有力人士就一度表示拒絕。而教廷方面也並未因此就輕忽與其他勢力的關係。八世紀法蘭克王國與羅馬教廷之間，受到王朝交替前後阿爾卑斯山南北兩側情勢的影響，關係雖偶有倒退，卻也漸趨緊密。然而在教宗的介入下完成王朝交替的「轉換」，國王和教宗之間不可能立即建立穩固的同盟關係。

卡洛林家族與羅馬教廷的關聯

接著來看卡洛林家族與羅馬教廷的關聯。首先要指出，是教宗協助確立了「卡洛林家族本支」。七五四年教宗斯德望二世造訪法蘭西亞時，為矮子丕平及他的兩位兒子舉行祝聖膏油禮，並禁止法蘭克人遴選其他血統者為王。同一期間，丕平的兄長卡洛曼離開義大利的隱居地，試圖阻止法蘭克人遠征倫巴底，但教宗也依據修道誓願，命他返回修道院。考慮到卡洛曼幾名有機會繼承王位的兒子也在此時被迫剃髮成為修士，教宗可說是幫助排除了「卡洛林家族本支」的潛在威脅。

此外，卡洛林王朝的國王與教宗之間也頻繁互通使節、書信與餽贈。查理曼曾命人謄寫額我略三世以來約半世紀的教宗來信，匯集成《卡洛林書信集》（*Codex epistolaris Carolinus*）流傳至今。這些主旨包羅萬象的書信，教宗是如何稱呼卡洛林王朝的國王，又是如何自稱呢？在卡洛林家族擔任宮相時代，教宗已稱其為「傑出的孩子」。此稱呼在與教宗書信往來的世俗有力人士當中並不算特別，這種衍生出來的模擬親屬關係，也是遵照自古以來的作法。

比較重要的新關係，呈現在兩種用語上。第一是教宗斯德望二世造訪法蘭西亞後，自翌年七五五年起去信丕平及其子時使用的「尊貴的羅馬人」（patricius Romanorum）。此處的「羅馬人」並非指「羅馬帝國的人」，而是受教宗統治的人。不過一直到七七四年查理曼攻陷帕維亞，壓制倫巴底王國後，法蘭克國王才自發性地使用這個稱號。

第二是「精神共父」（Spiritaris Compater）。自德國學者阿諾德．安格嫩特（Arnold Angenendt）的研究以來，從斯德望二世開始使用的這種用語，也成為探討卡洛林家族與羅馬教廷雙方關係的重要概念。這個精神層面的模擬家族之所以形成，是因為七五四年斯德望二世造訪法蘭西亞時曾為查理曼與卡洛曼施行堅信禮。亦即教宗在王家子女受洗的入教儀式中扮演代父角色，從而與親生父親的國王建立起共父關係。從七五七年見證丕平之女吉塞拉（Gisela）受洗的教宗保祿一世（Paul I，七五七—七六七年在位），以及七八一年查理曼之子丕平〔原名為卡洛曼（Carloman）〕受洗時擔任代父一職的教宗哈德良一世（Adrian I，七七二—七九五年在位）看來，兩人應該都很重視這種精神紐帶，寫信給法蘭克王時也經常使用。

查理曼與教宗的關係

探討法蘭克王權與教權的連結時，不能忽略查理曼與哈德良一世的關係。法蘭克王國史學家艾因哈德（Einhard)在《查理曼傳》（*Vita Karoli Magni*）中敘述，哈德良一世去世時查理曼曾表示：「失去最知己的朋友，就像是喪失了一個兄弟或是一個愛子似的。」這段出自描寫疼惜子女之情的第十九章，是書中唯一提及查理曼友誼的具體事例，然而以查理曼名義送至羅馬、長達四十行的墓誌銘也顯示兩人深厚的交情。

七七四年查理曼併吞倫巴底王國，法蘭克王國版圖與義大利中北部教宗的統治區域相鄰，此時的教宗正是哈德良一世。圍攻倫巴底王都帕維亞期間，查理曼於四旬節首度以法蘭克國王的身分踏上羅馬的土地，而教宗也盛大歡迎查理曼，視其為「尊貴之人」。這次義大利遠征起因於前年教宗不堪倫巴底人壓力，遂派遣使者請求軍事援助。當時查理曼遵循其父七五六年「丕平的奉獻」的承諾，保障擴張後的教宗國領土，並將書面文件呈上聖彼德祭壇，加強與教廷的友好關係。七七八年哈德良一世在書信中稱查理曼為「新君士坦丁大帝」，要求查理曼效仿君士坦丁大帝，保護羅馬教會。

然而法蘭克國王與羅馬教廷並非一直站在相同的立場。例如後述的聖像崇拜爭議，七八〇至七九〇年代羅馬教廷始終夾在君士坦丁堡與法蘭克王國之間。七八七年第二次尼西亞大公會議（Second Council of Nicaea）決議恢復聖像崇拜，意味著羅馬教廷如願讓東西方基督教世界再度於教義上達成一致，而這也是自聖像崇拜爭議過程中關係惡化的拜占庭皇帝手裡取回伊利里庫姆與南義大利管轄權以及教宗國領土的機會。然而法蘭克王國無法理解接受該決議內容，並透過查理曼的女婿，即聖里基耶修道院院長安吉爾伯特去信羅馬駁斥這項決議，間接表示抗議。儘管教宗哈德良一世在強調羅馬教會至高性的同時予以回覆，但法蘭克王國方面又提出了俗稱《查理曼之書》（*Opus Caroli regis contra synodum; Libri Carolini*）的反駁書。最終查理曼於七九四年召開法蘭克福會議，教宗使節亦列席參加，會議中公開譴責第二次尼西亞大公會議的決議內容背離正統信仰。

另一個教義上的爭議是所謂的和子說（filioque）。《尼西亞—君士坦丁堡信經》（*Niceno-*

Constantinopolitan Creed，一般稱為《尼西亞信經》）在聖靈「由聖父而出」的敘述後方又補上一句「及由聖子而出」（filioque），引發諸多爭議。此爭議導致日後一〇五四年東西方教會互相處以絕罰（Excommunicatio，斷絕來往），不過卡洛林時期的教宗仍然堅守早期教父們的傳統。另一方面，八〇九年查理曼召集聖職者協商此問題，並承認和子說的正當性。之後查理曼派遣使節前往羅馬，與教宗利奧三世進行研討。結果羅馬教廷繼續維護自古以來的經文，法蘭克王國卻承認和子說的補述。由此可以看出，儘管奉教宗為最高宗教權威，但在教義解釋方面，查理曼身邊的神學者顯然自視甚高。

探討法蘭克國王與羅馬教廷的關係時，不能忽略王權的問題。拜占庭皇帝在這個問題上也扮演要角，不過這方面先留待後述。以下是艾因哈德在《查理曼傳》第二十八章針對八〇〇年聖誕節加冕的描述：

> 為救平羅馬教會最近的混亂，他（查理曼）來到羅馬，住了整個冬天。他接受了皇帝和奧古斯都的尊位，雖則這事他最初是竭力反對的；因為他曾聲明：如果早知教宗的意思，雖然那天是大慶日，他也絕不會進入教堂。
>
> ——原書引自國原吉之助翻譯的日文版，本處引自王任光翻譯的中文版《西洋中古史史料選譯》。

圖 2-4 教宗利奧三世於拉特朗宮餐廳內修建的鑲嵌畫（修復後）

中央者是初代教宗聖彼德，左為教宗利奧三世，右為查理曼

關於查理曼這段話裡的猶豫意味著什麼，歷史學家意見分歧。可以確定的是，為查理曼加冕的人，是受羅馬反對派勢力威脅而身陷危機的教宗利奧三世。七九九年，遭反對派襲擊的他為查理曼的部屬所救，隨即展開教宗史上第二次翻越阿爾卑斯山之旅，來到薩克森地區的帕德博恩會見查理曼，懇求援助。查理曼應其要求前往羅馬召開審判會議，證明教宗的清白。兩天後查理曼即獲加冕。但在加冕禮過後兩個月的翌年三月初，查理曼頒發的文件上仍未使用皇帝的稱號，想必宮廷相關人士也需要時間，推敲該以何種形式來彰顯新的身分。在五月二十九日的文件中，查理曼總算採用了新稱號，自稱「得神加冕治理羅馬帝國的至尊者，追求安寧的偉大皇帝，蒙神恩寵的法蘭克人及倫巴底人之王。」

在羅馬教廷協助下獲得王位的丕平，以及他的兒子查理曼，都兼有法蘭克人之王、倫巴底人之王、尊貴的羅馬人，以及統治羅馬帝國的皇帝等身分，其間的累積過程也都跟教宗脫不了關係。這些國王是如何認知基督教世界中的自己，周遭又對他們抱有什麼樣的期望呢？

基督教的國王

要理解法蘭克王國，就必須同時理解「教會」（Ecclesia）概念，此觀點為現今全球學者的共識。值得注意的是，這裡的「教會」是指在「帝國」這個政治疆界區域內的基督徒共同體，而非一般意義上的教會。這樣的共同體狀態大致經由兩個過程形成，一個是八世紀循序漸進的教會改革，這方面留待另節詳敘。本節著重討論另一個過程，也就是法蘭克人王權概念的發展。

從法蘭克王權中基督教性格的強化，或從法蘭克王權思想體系的角度來看，七五一年具備祝聖要素的王朝交替，都並未帶來劇烈的變化。自七世紀墨洛溫王朝後期以來，無論是自我認知或從外界眼光來看，法蘭克王權皆表現出以基督教或聖經為評判基準的傾向，這個傾向不僅延續至七五一年的事件，更一路貫穿至八世紀後期。八世紀後期卡洛林王朝的國王和周遭人們，都逐漸開始以基督教的角度來理解自身王權。以下透過幾個面向來確認這個過程。

矮子丕平是第一位經膏油禮登基的法蘭克人國王。雖然無法確定七五一年的祝聖儀式中是否使用聖油，但最晚在七五四年時，丕平的孩子們已在教宗斯德望二世親自施予下接受了祝聖膏油禮。總之，為了將這個新儀式與新王家正統性的建立相結合，儀式本身勢必得具備正統性。對此安格嫩特認為，包括發現《舊約聖經》中以色列諸王接受膏油祝聖的事例、對長久以來在高盧地區舉行祭典或洗禮儀式的模仿、以及教宗的認可或參與等等，這些要素都至關重要。此後儘管偶有例外，膏油禮仍在國王加冕大典上占有重要地位。

另外，首位自稱「蒙神恩寵」（Gratia dei）的國王也是丕平。一般認為這種說法含有對神的恭順，以及主張國王統治在宗教上的正當性，兩種對上對下的不同意涵。根據現存史料，該用詞首見於七六五年左右寄給美因茲主教盧路的書信，之後從丕平之子的時期開始，國王才在發布文書中強調自己為「蒙神恩寵」的統治者。這種用法在丕平接受祝聖，或說是膏油禮後十幾年才開始採用，由此看來，此概念不太可能直接反映七五一年或七五四年儀典的意義。對此，德國歷史學者哈克（Achim Thomas Hack）則強調斯德望二世以來教宗寫信給丕平等人的用字遣詞。信中反覆提及王在神的應許下登基，並得神庇佑、頌讚、啟示，應「神意」行使其職務。雖無證據顯示其直接關聯性，但這樣的觀點也相當重要。

如同前述，蘇漢將卡洛曼以後的卡洛林王朝國王比作「牧者」。這些「牧者」透過訓誡方式統治神託付的人民。在《舊約聖經》中，身為「牧者」的神將「羊群」子民託予大衛諸王，諸王則以「教導者」之姿治國。《新約聖經》則將耶穌基督喻為牧羊人。保羅稱引領耶穌賜福信徒之人為牧者，若將耶穌比喻為頭，這群人則為祂造出身體。教宗額我略一世亦於《教牧法規》(*Liber Regulae Pastoralis*) 中精煉了「牧者」與「教導者」典範。此書從道德層面解釋主教等司牧者的行動方針，但在使用「教導者」的概念時卻不分職務聖俗。透過盎格魯撒克遜傳教士的影響，額我略一世筆下的「牧者」與「教導者」典範也隨著《教牧法規》在法蘭克王國內廣泛流傳。這就是宮相被稱作「教導者」的背景。即位後的丕平早在以「蒙神恩寵」自稱前，便已於七六二年發予普呂姆修道院特權狀中，由自身的膏油禮引導出符合神意的統治責任與義務，並稱國王的職責是受神所託教導人民。不過，教導人民雖是國王的職責，但他只是分擔此職責的其中一位「同輩」；除了世俗有力人士之外，國王也與主教等按職階排序的高階聖職者分工合作。這種各司其職的分工思維，促使國王虔誠者路易（Louis the Pious）於八二五年頒布《帝國全民訓令》。

接著稍微談談譬喻與修辭。丕平時期已經有援引舊約時代諸王的例子，前述的國王文書就曾舉所羅門王做為範例。查理曼同樣於七八九年的《一般勸告書》(*Admonitio generalis*) 序文內引《舊約聖經》約西亞王做為王國改革的典範，而查理曼也以「大衛」這個綽號聞名於宮廷文藝聚會。如同各種君主論所展現的，這並非只是單純的綽號，而是讓人聯想到基督教正面的王權形象；當教宗哈德良一世稱查理曼為「新君士坦丁大帝」時，更讓人憶起這位君士坦丁大帝不僅正式承認基督教，也召開了第一次尼西亞大公會議，為確立正統信仰邁出重要的一步。另一個重點是，在丕平登基後，將法蘭克人比擬為選民、以色列子民的說法，不僅出現在法蘭克王國，教廷方面也這樣稱呼。

七八九年《一般勸告書》頒布後，上述理念開始明確地反映在施政上。國王查理曼肩負了「基督教人民」(populus) 共同體的責任，這樣的立場在七九〇年代末阿爾琴呈交的書信中表現得更為明確。查理曼既是「教會的教導者」(lector)，亦是「保護者」(defensor)。七九六年阿爾琴去信「日耳曼尼亞、高盧及義大利之王」查理曼，稱「基督教人民」居住的查理曼領地為「基督教的王國」(Christianitatis regnum)，七九八年則稱之為「基督教帝國」(Imperium christianum)。而在其疆域中，查理曼和宮廷追求的是糾正各種「錯誤」，研究者習慣稱之為「敕令」(capitularia)，包含指令、訓誡等眾多規範條目的文本中，都可見到應「匡正」的問題被逐一列舉出來。「匡正」的目的並非改革或推行新思想，而是讓基督徒回歸正確的樣貌。這種想法正好符合前述的「牧者君主」

觀。此外，對於負責引導人民走向正途的查理曼，被阿爾琴和薩爾斯堡大主教阿倫等人稱為「講道者」，也昭示了相同的精神。

定調為「匡正」的社會基督教化，其所追求的「統一性」（unitas）是「和平」（pax）與「和諧」（concordis）的先決條件，也是人們蒙神恩寵的前提。下一節的重點即是這個「統一性」。

2 王國的統一性與多樣性

王國的擴大與統治

艾因哈德敘述查理曼的統治時，首先列舉了查理曼征戰各民族，併吞諸多地域的功績。在併吞亞奎丹、倫巴底王國、薩克森後，查理曼又遠征伊比利半島北部、布列塔尼半島、貝內文托，併吞巴伐利亞，最後戰勝斯拉夫系的維萊蒂人、潘諾尼亞的阿瓦爾人，以及日德蘭的丹人，結束「歷時四十七年遍及世界各地的戰爭」。經過這次征戰，法蘭克王國的規模比丕平時代擴大了三倍之多。由此可見，自七五〇年以來約半世紀的時間內，法蘭克王國納入各具歷史性的諸多地域，而這種多地域複合體的性質，當然也影響了王國的統治形態。

至於查理曼的內政方面，艾因哈德並沒花多少篇幅，頂多提及宮殿和教會建築、在萊茵河上造橋、於北海及地中海設置防衛艦隊，以及後面提到加冕後的法制改革。以下將採用其他史料，探討八世紀中至九世紀初法蘭克王國的內部秩序。但在此之前必須注意，如同德國歷史學家魯道夫・席弗（Rudolf Schieffer）所言，王國擴大期的法蘭克國王們首要之務，是在新併吞的土地上樹立統治權威，之後才是創造全國內部的均質性。此外，所需的均質性或「統一性」也依情況各有不同，應視地域的多樣性加以變通。

教會制度與「統一性」

接下來，先從上一節所提及「基督教人民」的教導看起。談論基督教社會的「統一性」時，勢必得探究維繫信仰生活的制度，即教會制度的樣貌。卡洛林家族統治法蘭克王國後積極整頓國內教會組織，顯然也與治理王國有關。首先是恢復協議宗教事務的聖職者集會，前述的日耳曼尼亞宗教會議（七四二年）即是法蘭克王國睽違約八十年再度召開的宗教會議。此後的宗教會議皆由國王主導或親自出席，並以國王的名義公布決議。雖然七世紀墨洛溫王朝在政治上已顯現出與教會或基督教的關聯，但卡洛林王朝國王自知肩負教導基督徒人民的責任，在這種情況下要明確區分「研議宗教相關問題的宗教會議」與「由世俗有力人士研議內政、外交、戰爭問題的王國會議」，是相當困難的。在列出決議事項的會議文件中，往往散見著教義、教會組織、司法、貨幣制度等現今分屬不同領域的問題。如同九世紀末蘭斯大主教辛馬爾（Hincmar，八四五—八八二年在位）留下的《宮廷制度論》(*De ordine palatii*) 所述，當時一個大會議可能存在著世俗單位、聖職單位等小型研議團體。不過整體來看，會議處理的「匡正」問題都同時與教導、保護或擴展基督徒共同體有關。

至於大主教制度與管轄教區，也在法蘭克王權的主導下重新整頓。自前述波尼法爵經教宗授予大主教稱號以來，法蘭克王國國內產生了幾名無副主教的大主教。另一方面，墨洛溫王朝廢除的總主教制度也於查理曼在位期間逐漸重整，並於七七九年藉由〈埃斯塔勒敕令〉(The Capitulary of Herstal) 成文化。八一一年查理曼擬定遺囑時，更指定將遺產贈與包含義大利在內的全國二十一名大主教。大主教管理多名副主教，他們在地方組織宗教會議，研議關於信仰生活的問題。議題有時由中央指派，有時由各教區上呈。主教們負責在各自的教區內監督並教育神父以下的聖職者，同時管理信徒與教化民眾。信徒必須學習信條與主禱文，因此各教區的神父也必須接受適當訓練。此外，丕平在位晚期強制信徒繳納十分之一所得給所屬教會，到了查理曼時期更進一步納為義務（這也有助於小教區架構的形成）。

談到「統一性」和教會制度，自然不能不談修道院。查理曼在位時王國積極推動《聖本篤會規》(*Regula Sancti Benedicti*) 的普及，不僅以敕令要求民眾遵守會規，國王更要求謄寫保管於卡西諾山修道院的會規正本，並送至法蘭西亞（現今的聖加侖修道院還留有賴謝瑙島修道士的手抄

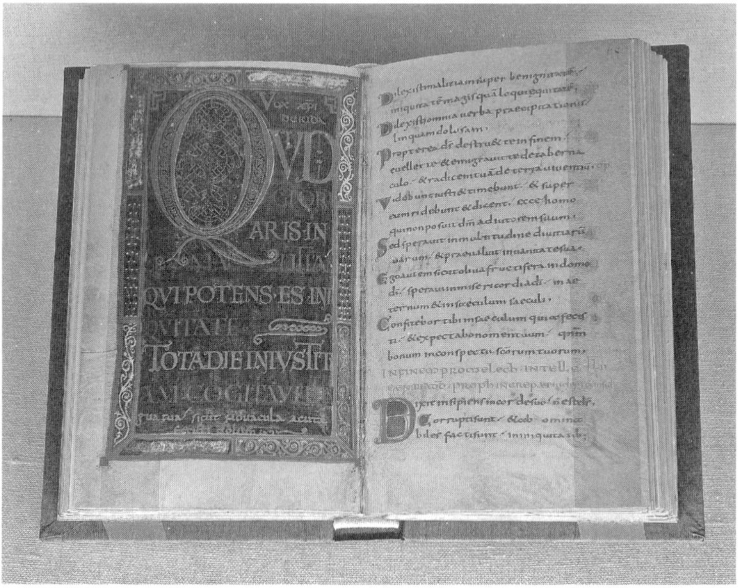

圖 2-5《達格爾夫斯詩篇》
藏於奧地利維也納國立圖書館

本）。以往奉行其他戒律的修道院雖有抗拒，但到了查理曼之子虔誠者路易時期，國內已廣為接受。帝國各地修道院的繕寫室抄寫了許多後述所謂的「正統」文本，對於「匡正」與「統一性」貢獻匪淺。

雖然廣大的法蘭克王國境內有許多使用不同語言的民族並存，但包括法律、命令書、信件、宗教會議決議、史書、神學著作、詩文、墓誌銘等各類文本，基本上都以拉丁文書寫。大多數的撰寫者皆為聖職者與修道士，而查理曼宮廷也要求他們學習「正統」拉丁語，透過毫無偏誤的文本正確理解教義。他們活用正統知識謄寫正確的手稿，並視情況將多份文本合編為手抄本，供王國各地使用，這也屬於卡洛林文藝復興的一部分。此種方針明確出現在如七八九年《一般勸告書》第七〇章的文獻中。

在這樣的狀況下，對卡洛林王朝的法蘭克王國人民而言，羅馬是確實可信的文本來源。不過羅馬被奉為基準的並不限於文字資料。史料強調八世紀後期的法蘭克王國在國王主導下引進了羅馬式典禮，查理曼也在七八〇年代後期的通函中提及父親丕平對引進羅馬式典禮的熱衷。

然而，我們亦不能過分強調該時期的「羅馬化傾向」。雖然教宗哈德良一世致贈查理曼的羅馬式典禮書籍，經阿爾琴修訂後廣傳於法蘭克王國境內，但修訂內容時也加入了高盧式典禮的要素。七七四年初次會面時，哈德良一世曾將教會法令集《狄奧尼修斯．哈德良彙編》（*Dionysio-Hadriana*）贈與查理曼。儘管《一般勸告書》起草時也大量參考此書，但其在法蘭克王國卻未曾被奉為唯一的教會法源。此外，雖然《達格爾夫斯詩篇》（*Dagulf Psalter*）這本豪華手抄本包含了查理曼對哈德良一世的獻詞（後因教宗去世未能呈獻），但德國中世紀史學者克勞斯．赫伯斯（Klaus Herbers）認為，這本書是為了答謝羅馬過往致贈許多匯集的「真實」文本，也同時展現了法蘭克人能夠利用這些「真實」文本製作手抄本的自我意識。

做為多地域複合體的法蘭克王國

經過鐵鎚查理、矮子丕平、查理曼三代統治，法蘭克王國大幅擴張了版圖。如何統治這麼廣大

圖 2-6 查理曼的法蘭克國王騎馬像

的地域，長久以來一直是研究者關心的問題，以下細談幾項特徵。

法蘭克王國統治的基礎是王國內廣設的伯爵區，伯爵制延續自墨洛溫王朝時期。伯爵具有王權地方代理人的性質，多半為在地有力人士擔任，不過也有國王同時從法蘭西亞指派人選與在地人士併行的情況，這在亞奎丹（七六八年～）、北義大利（七七四年～）、薩克森（七七〇年代末起漸有此趨勢）等新併吞地域最為顯著。伯爵負責舉行審判與軍事動員，七八九年後更不時被要求在世俗有力者與主教和修道院長之間尋求「和平」、「和諧」及「一體性」。不過嚴格來說，這其實是為了遏止伯爵壓制主教的活動。

與地方王權代理人維繫關係，是王權的一大課題。國王和宮廷透過寄送給個人或某區伯爵的書信、命令書，以及大範圍發送的通函傳達其意志並要求實行，必要時獲得書面回覆，這類文書交流即是維繫關係的方法之一（差使是否可信，也是此機制運作的重要因素）。而從地方傳來的情報，也會影響後述會議的議題構成。此外，國王也有機會與有力人士直接會面，例如卡洛林王朝尚未設置首都期間，國王們往往在散布各處的王宮和領地，或是教會屬地與修道院之間移動。雖然國王巡行有其經濟上的理由，以便有效率地消耗各領地獲得的產物，但同時也製造出接觸各地有力人士的機會，讓原本的關係變得更加緊密。例如鄰近居民會拜訪國王下榻的王宮，請求賜予或確認權利，而寬容大量的國王也發與許可狀，這類事例時常可見。當然，不是人人都能獲得國王的恩賜。即便身在附近，還是只有關係親近或經人引介，才能夠和國王接觸。

不過除了軍事遠征和拜訪羅馬等特例外，國王多半在領地集中的王國中心法蘭西亞內部移動。法蘭西亞以外的人要拜訪停留某處的宮廷，勢必得跨越地域邊界，並意識到法蘭西亞的核心地位。後述參加王國會議時也是同樣狀況。

在版圖擴張告一段落的八世紀末，出巡特定範圍的傾向更加極端。這時查理曼開始頻繁下榻歷史悠久的溫泉鎮亞琛，經過羅馬加冕後尤甚，頻率之高幾乎可說是把亞琛當成首都。於此同時，查理曼的統治風格也產生了變化，最明顯的就是利用敕令與國王巡察使（Missi dominici）。巡察使原本是國王的使者兼代理人，在內政方面負責於地方貫徹來自宮廷的政治理念。墨洛溫王朝的法蘭克王國與倫巴底王國已可見派遣巡察使的個案。然而特別是在查理曼加冕後，卡洛林王朝的國王便常常在政治決策成立後，當場就派遣巡察使攜帶決議至王國各地。

然而在重要的政治決策上，國王除了在宮廷跟近臣或少數訪問者組成的小規模顧問集團決定外，也會廣召參加者舉行王國會議。據蘭斯大主教因克瑪（Hincmar of Rheims）的《宮廷制度論》（*De ordine palatii*）記載，與顧問集團非公開決議的事項，必須於王國會議上重新提出、經過討論並獲得同意，這是為了讓與會者有參與決策感。雖然不知道實際上是否採用這種二階段流程，但參與感這點倒是值得關注。達成共識不僅是決議的重要程序，也確保日後決議可遵循共識付諸實行，帶來「和平」、「和諧」與「秩序」，所以在領地內形成「共識」也是統治者的目標。某種程度上，王國會議是展現共識的機會。不過王國會議並非只有協商功能，也可以是召集軍隊的場合，更是參加者當年度向國王進貢、加強彼此友好關係的機會。

奉命遣往各地的巡察使，大多為受召參加會議的宗教或世俗有力人士。當然，他們也在表決時贊成提案。會議解散前，依負責區域分派並任命二至五名巡察使（多為聖俗有力者的組合），並令其以「御使」身分返鄉。就此一層面而言，不能單純將巡察使的職責看作是監督伯爵和主教們的活動。這並非中央派遣官員挾著王權強勢監察地方官員，而是擁有伯爵、主教或修道院長等地位、在當地早有聲望又深受國王信賴的人士，與地方上具同等身分地位者的對峙。由於巡察使本身也參與研議並贊成中央決策的敕令，在決策推行至各地時，自然也背負了某種程度的責任。另一方面，當這些在當地早有名望者挾著國王的威勢返鄉時，各地身分地位相當的那些人也不太可能選擇抗命。

接著再稍微談談巡察使的負責區域。根據現有史料記載，區域的數量、範圍及設立基準都不一定。有些以教會的教省為單位，有些則以擔任巡察使的伯爵區為基準，另外再加上鄰近的地方行政單位。此外，也端看國王與地方有力人士之間的關係，即依政治情勢的不同，區域範圍的界定隨之變化。通常法蘭西亞傾向設立多個小區，不過亞奎丹和巴伐利亞等新併吞地有時則被視為一整個大區。

如此看來，發布敕令與派遣巡察使，與其說是形式明確的統治制度，不如說是國王順應形勢，巧妙地讓各地有力人士參與王國統治的手法。

最後來看看軍事。根據法規，各地域的軍事義務動員皆由各伯爵區的伯爵進行。不過據現存的命令書所述，將土地借予俗人的修道院，院長也被要求率領在其領地的居民從軍。從編年史等史料看來，受召的軍事集團往往以民族名稱之，例如薩克森人軍團、巴伐利亞人軍團等等。當然，這些集團未必是具有民族均一性的群體。然而，以過往各民族居住的薩克森及巴伐利亞等地域做為軍團單位，可與伯爵區或教會屬地的軍事動員高度整合，也展現出人民對此種地域集合體的共同意識。

法制的並存

《小洛爾施編年史》提到八〇二年，查理曼即位後自義大利歸來，試圖從宗教及世俗兩方面進行改革，以下是關於法制方面的敘述：

> 會議期間皇帝召集精通法理者與公爵、伯爵及其他基督徒，令他們詳閱國內所有法條，逐一翻譯並解說，必要時加以修正，並記錄為新法條。法官應據此做出判決，不收受賄賂，王國內不分貧富，人人皆可享有正義。

以下則是艾因哈德對這次法制改革的描述：

> 獲得皇帝稱號後，他（查理曼）發現其子民之法多有不周之處。例如法蘭克人有兩種法律，且

> 其中屢見歧異。他考慮要補足缺失，統一矛盾之處並修正謬誤，然而最終僅在法典中增添些許不盡完善的條目，其餘皆原封不動。不過，他還是令底下所有部落收集過去未曾記錄的不成文規定，並抄寫下來。

這裡提到的法（Leges）是指王國內各民族的習慣法（多半稱為「部落法」），例如法蘭克人的薩利克法（Lex Salica）、里普利安法（Lex Ripuaria）等等。

八世紀後期到九世紀初，在法領域也出現了變化，《薩利克法典》的出現即為一例。《薩利克法典》最晚是在墨洛溫王朝，法蘭克王國初代國王克洛維一世末期時頒布為法蘭克人的法律，卡洛林王朝仍繼續沿用，並數度經過修訂，在法蘭克王國具有一定的生命力。如同本叢書第二冊第二章「西歐世界的重組」的論述，在建立高盧社會秩序的過程中，墨洛溫王朝制定法規並應實際需求修法，而法規內容及實行上亦混合了羅馬（或者羅馬晚期的高盧）、日耳曼及基督教的要素。至於卡洛林王朝，也嘗試對《薩利克法典》及其他成文和不成文法進行修正，以合乎現實需求。

登基為王的矮子丕平十分重視《薩利克法典》，早在七五四年便依循薩利克法頒布敕令，現存最古老的《薩利克法典》手抄本也是他在位期間成書。修訂版序文中除了提及歷代法蘭克王立法修法的事蹟，也處處強調法蘭克人之法在歷經王朝交替後仍保有連續性。然而先不論象徵意義，不平的修法並未帶來實際效益，最後是由其子接掌修訂事宜。據德國歷史學者卡爾・烏布爾（Karl Ubl）所述，法典修訂工程始於七八九年查理曼登基後。

正因為有上述對「法蘭克人之法」的改革，查理曼登基後至八〇三年間才會在往來義大利、法蘭西亞和巴伐利亞的同時，推動帝國諸民族的法制改革。改革內容包含了修訂法典、為薩克森人和圖林根人編纂新法典，亦有以另外頒布的形式為法典附加法條。卡洛林王朝的國王原本就十分重視保障統治下諸民族依循其法生存的權利，早在丕平於七五九年圍攻納博訥時，就已准許當地哥德人按照自己的法律生活，七六八年亞奎丹的羅馬人、查理曼時期的庫爾－拉埃提亞地方居民，以及薩克森人都是同樣的情況。法律保障個人及諸民族的身分認同。對照先前引用的兩份史料，顯見對於依循成文法（Lex scripta，在此除了法典，御令、敕令、教會法等也包含在內）進行裁決的重視，與習慣法成文化的推行互有關連。

不過，這些法制改革的實效性很難評估。修訂過的《薩利克法典》很少有「應用」的跡象，而現存多份手抄本也顯示了，法典文本主要是由接受新規範的各地人民主動謄寫廣傳，而非宮廷系統性地推行。在新規範的傳布上，各地民眾的謄寫編纂至關重要，這點對敕令來說也一樣。不過至少敕令從中央（透過巡察使）傳至各地方的路徑相對清楚，修訂後或新編的成文法法典則不確定如何在編纂完成後傳至各地。

然而據烏布爾所述，查理曼曾在首度修訂《薩利克法典》的七八九年時進行了大規模法制改革。先前多次提到的《一般勸告書》也於這年頒布。第二次法制改革發生於八〇二年。必須注意的是，這次還採行了幾項重要制度及統治手段，也就是廣派巡察使傳達敕令，同時要求王國十二歲以上的人民對國王宣誓效忠。第一次和第二次改革相隔約十二年，期間兩者皆無實行的跡象，不過從八〇二年起便持續施行至查理曼過世，其子路易及其孫的時代也經常由巡察使帶著敕令前往各地，要求落實一般效忠宣誓，顯示出中央集權的趨勢。

至於司法部分，卡洛林時期出現了幾次與此動向相關的大變化。以地方層級來說，墨洛溫時期原本是由拉辛布爾吉（rachimburgi）負責在伯爵主持的法庭上「找出」判決，後來該職務逐漸被名為斯卡比尼（scabini）的集團所取代。這些人同樣是地方知名人士，差別在於他們是固定擔任此職務。八〇三年各地進行斯卡比尼的遴選與任聘，隨後皇帝又令巡察使提交名冊，亦即中央權力介入了地方層級的司法。接著來談談被研究者們稱作「職權訊問法」（inquisitio）的審判程序。採用此程序的審判不同於一般情況，法官是透過訊問第三者來獲得證詞。此一程序源自羅馬帝國時期直屬領地（fisc）相關審判，卡洛林時期基本上也僅用於國王屬地或國王授與特權教會及修道院采邑的相關訴訟。另一方面，可進行此程序的主要是國王委任者，通常為巡察使，且證人事前必須宣誓。按照慣例，證人大多對著聖經或聖髑發誓，不過有趣的是，八〇二年一般效忠宣誓實施後，也有人是依照「對皇帝的誓言」來發誓證詞屬實。

如同上述，法律領域也兼具了以王權為中心的統一意向與多樣性。

拉丁語與方言，文字與聲音

如同前述，查理曼宮廷要求聖職者及修道士學習「正統」拉丁語，並透過正確的文本準確地理解並熟習教義。在這種時代氛圍下，科爾比修道院等地創造了易於正確讀寫的字體，即卡洛林小寫體。不過另一方面，書面拉丁語和日常拉丁語〔史料常稱為「通俗」（rustica）〕卻也逐漸分歧。

在這種情況下，許多以非拉丁語的方言、日常語，以及日後德語圈內使用的日耳曼語系寫成的文本開始傳入，這也是查理曼時期的一大特徵。受前述的法制改革影響，《薩利克法典》的方言翻譯片段也跟著流傳。而七九四年法蘭克福會議決議「可用任何語言向神禱告」，因此傳入國內的多為聖經翻譯、注釋、信條、主禱文等禱告文句。八一三年美因茲宗教會議的決議文，以及八二〇年左右巴塞爾主教海德（Haito）頒布的主教令，提到信徒得以用母語學習信條和主禱文。此外，《查理曼傳》第二十九章亦稱查理曼命人彙集「母語」詩歌及文法書。雖然上述兩個皆非外地傳入的例子（方言詩文最早於九世紀中期傳入），但這段描述與前述傾向吻合。

至於實用性較高的文本也被改寫成日常用語，例如講道典範「基督徒訓誡」即透過九世紀初期的手抄本傳入。根據內容，此講道文應是按九世紀初派往帝國各地巡察使所接到的指令，由自身亦為巡察使之一的薩爾斯堡大主教阿倫以拉丁語和方言（古巴伐利亞語）撰寫而成。帝國中央以拉丁語下達指示，其中與教化民眾的相關指令在地方施行時，往往會轉換成當地的方言。這種情況並不只限於巴伐利亞。八一三年，帝國在五個地方同時召開大規模宗教會議，其中帝國西部圖爾的第十七條決議文便要求傳道內容應譯為「通俗拉丁語」（rustica lingua romanica，羅曼語系語言前身）及（日耳曼語系的）「民眾的語言」（theodiscus），以供人們理解。

可以確定的是，成人受洗時的誓詞同樣使用了「民眾的語言」。如同前述，幼兒洗禮及代父母的教理問答等受洗相關習俗是法蘭克王權最重視的事情之一。然而如薩克森這類已推行基督教化的新併吞地裡，還有成人改宗。在這種情況下，受洗時需宣誓棄絕魔鬼及牠的一切行為（誓棄）。這個誓棄該如何進行，成了八一一年王國會議上的議題。雖然實際討論過程不明，但現存的古薩克森語問答範例應是出於這個時期，內容除了拒絕魔鬼的行為外，還必須宣誓毀棄薩克森人的傳統信仰（多納爾神等）。由此可見中央負責頒布決策，並配合各地民情與語言編寫的文件來實行。

地方施行中央的方針時必須使用各地日常語言，這種情況並不僅限於民眾層級。自七八九年《一般勸告書》頒布以來，聖職者和修道士皆被要求在基督教信仰、禮拜，以及做為神的僕人在言行舉止上遵守應有之「正統」，這也是法蘭克宮廷推動教會改革的一大要素。根據亞爾薩斯地區的穆爾巴赫修道院流傳下來，八一六年左右虔誠者路易在位初期的規定，資深修道士需翻譯《聖本篤會規》、讚美歌、《詩篇》等關於日常生活和禮拜的重要文本，目的當然是供資淺修道士使用。基於同樣理由，在海德擔任謝瑙島修道院院長時期傳下的聖務日課用手抄本中，拉丁語讚美歌及《詩篇》行間也註記了方言譯文。

另外，透過敕令和巡察使統治王國，中央和地方交流時應該也會結合拉丁語文本與方言口述。宗教與世俗的地方有力人士從帝國各地齊聚一堂，參與王國會議協商並帶回決議，記錄成或為詳盡或為簡潔的拉丁語文件。做為代理國王的巡察使返回各地，為貫徹中央決策而於當地會議上宣讀內容時，倘若拉丁語文件要點過於簡略，那麼他們在憑記憶加以補足之餘，必然會以自己和聽眾平日使用的方言宣布決議內容。

法蘭克王國成為西歐龐大的政治架構後，內部容納了具備各種不同歷史及文化背景的民族。中央有意樹立統一性，在付諸實行的過程中往往會考量各地民族的多樣性，並配合實際狀況進行調整。「統一性」與「多樣性」是探討卡洛林時期法蘭克王國的重要關鍵。以拉丁語制定規範，再利用形形色色的方言加以實行，語言之間的共存即是最好的範例。

3 並存的世界

法蘭克王國與同時代的世界

從前面的論述看來，七九四年查理曼於法蘭克福召開的大型會議，顯然深具啟發意義。根據現存文獻資料，這場會議的決議文極可能並未公告於王國各地，不過仍可從中掌握議案的概要。另一方面，除了諸多延續七八九年《一般勸告書》聖職者及信眾的「教化」條目外，會議內容還包括貨幣改革、穀物價格法令、法庭的公正化等等，足見王國推動改革的強烈決心。此外，七八八年投降並被送進修道院的前巴伐利亞公爵泰西羅（Tassilo III）也被押解至議場上，宣告後代子孫不得主張擁有巴伐利亞公爵之權利，並提到此事已記錄於其他文件。在對外擴張期間，法蘭克王國內部的穩定無疑是國王等與會者最關心的事情。現存文件第一條及第二條分別討論伊比利半島流行的基督養子說，以及導致王國與拜占庭帝國對立的聖像崇拜問題。雖然兩者皆非新議題，內容也侷限在基督教教義範疇，卻和法蘭克王國之擴張穩定及對外關係議題一同在法蘭克福的會議上討論。

如同前節開頭所述，艾因哈德盛讚查理曼在位期間大幅擴展法蘭克王國的領土，之後他又於第十六章講述查理曼與他國國王的關係。其中提到了加利西亞及阿斯圖里亞斯之王、斯科蒂人（Scoti，愛爾蘭人）之王、「波斯王亞倫」，以及君士坦丁堡歷代皇帝。此外，查理曼亦與不列顛島上占有優勢的麥西亞王國奧法王（Offa）有所交流。由於外部勢力眾多無法盡述，本節著重於八世紀中期以後法蘭克世界與拜占庭及伊斯蘭世界的關係變化，並列出幾項特徵。

對拜占庭皇帝的外交

艾因哈德曾提過一句希臘諺語「就算交情再好，也別做法蘭克人的鄰居」，由此可見羅馬人和希臘人對法蘭克人滿懷猜忌。姑且不論此言是真是假，八世紀後期法蘭克王國與拜占庭帝國的關係確實出現了變化。羅馬教廷態度的轉換也與此過程有著複雜的牽扯。以下將深入探討三者之間的關係。

對八世紀中葉的法蘭克人而言，拜占庭世界無疑是先進文明地區。《弗萊德加編年史續編》便提到，七五七年拜占庭皇帝君士坦丁五世（Constantine V）致贈丕平風琴做為和平的象徵。首度傳入法蘭西亞的風琴掀起轟動，於阿拉曼尼亞地區撰寫的諸多編年史及受其影響的《洛爾施編年史》皆記錄了「法蘭西亞第一座風琴」，但未提及這是來自君士坦丁五世的餽贈。雖然考古學調查證實了古代高盧也有風琴，但這段記憶似已佚失。在九世紀出身威尼斯的神父喬治斯「利用希臘的技術」製造出風琴之前，該樂器一直都是舶來品。

七五七年的使節來訪有段前因。七五六年春天，倫巴底國王埃斯托夫（Astolfo）進攻羅馬，丕平應教宗求援展開第二次義大利遠征。當時君士坦丁堡的使者來到帕維亞近郊，要求將解放後的拉溫納及五座城市歸還帝國。丕平回絕了要求，並將這些城市歸羅馬教廷管轄（丕平的奉獻）。詳細的過程不明，目前僅能得知前述領土移交及和平談判的相關資料。另外要注意的是，當時風琴並非用於教會典禮，而是統治者塑造權威的道具。

不過，這是法蘭克宮廷睽違一百多年重新與拜占庭宮廷接觸。在本章探討的時期，關於雙方關係的史料大多偏重法蘭克方面。不過有趣的是，就史料描述來看，此後約半世紀，雙方幾乎是在拜占庭方面的推動下開始頻繁互動。

在這同時，雙方也涉入了聖像的相關論戰。前面談到，君士坦丁堡宮廷與羅馬教廷早已為此問題產生激烈衝突。七五七年春天，教宗斯德望二世要求丕平與羅馬結盟。七六七年春天，法蘭克人偕同拜訪丕平的皇帝使者與教宗使節，於巴黎南方的讓蒂伊召開宗教會議，討論關於三位一體（和子說問題尚未出現）及聖像崇拜。根據《法蘭克王國編年史》記載，拜占庭方面曾試圖在會議中拉攏法蘭克人，卻未能成功，而將聖像問題列入議題的推測應是教宗使節。七六九年，查理曼和卡洛曼也派出十三名主教參與同樣討論聖像問題的羅馬宗教會議，其中桑斯的威爾卡爾達斯（Wilichar of Sens）地位最高，《教宗列傳》將他譽為「大主教」。依照德國歷史學者丹尼爾．潘吉爾（Daniel Carlo Pangerl）的推測，倘若這位威爾卡爾達斯即是七五四年偕同教宗斯德望二世前往法蘭西亞、之後又多次以教宗使節身分拜訪丕平的門塔納主教（Bishop of Mentana），那麼法蘭克陣營在聖像崇拜上支持教宗的意見，可說是必然的結果。

不過直到七六〇年代末，法蘭克宮廷與拜占庭宮廷並沒有產生嚴重的對立。由於此時期法蘭克王權並未應教宗要求展開遠征，因此有些研究者認為法蘭克與拜占庭在義大利半島的情勢上反倒處於合作關係。此推測的依據是君士坦丁五世之子與丕平之女正好在這個時期論及婚嫁。七八一年君士坦丁六世（Constantine VI）也與查理曼之女羅特魯德（Rotrude）訂婚，不過隨著法蘭克宮廷開始高度參與聖像崇拜論戰，婚約最終於七八七年解除，此後查理曼的女兒們都不曾正式結婚。

七八七年的第二次尼西亞大公會議終結了東方的聖像破壞運動，然而法蘭克王國並未派人參加。雖然教宗派遣使節前往當地，將決議文譯為拉丁語送至法蘭克宮廷，但譯文卻出了大錯，把專屬於神的崇拜與對於聖像的崇敬一律譯作「崇拜」。法蘭克宮廷無法接受決議文，不僅和教宗起了衝突，更強烈批判拜占庭，《卡洛林書》（*Libri Carolini*）即是反駁此次會議結論的產物。

隨著七七四年併吞倫巴底王國，以及七八〇年代末後成功征服阿瓦爾人，法蘭克王國的領土在義大利半島及達爾馬提亞與拜占庭帝國相接，這也成為法蘭克國王與拜占庭皇帝關係的重大轉折。羅特魯德之所以解除婚約，也與查理曼不久前遠赴南義大利征討貝內文托公國有關。不過法蘭克軍與拜占庭軍僅在八〇六至八一二年間因為威尼斯而直接開戰。而同一時間，雙方也在皇帝稱號問題上產生對立。

八〇〇年查理曼加冕後，東西方同時出現兩位皇帝，這對拜占庭宮廷來說是不容輕忽的大事。在他們的世界觀裡，自古以來，法蘭克王國同樣歸屬於涵蓋全基督教世界的拜占庭皇帝統治範圍，即便兩位皇帝的子女彼此訂婚，也不代表彼此擁有對等的立場。雖然這並非篡奪皇帝權，但西方出現主張擁有同等地位者，即為異常。艾因哈德在《查理曼傳》中描述皇帝加冕的橋段，接著又提到與拜占庭帝國的關係，表示查理曼「因受封皇帝稱號遭人妒忌，卻發揮驚人的忍耐力。東羅馬皇帝們對此感到不悅。查理曼屢次派出使節，在信中稱皇帝們為兄弟，以雅量破除他們的冥頑不靈。其高潔的靈魂無疑證明了查理曼遠比他們更為高尚。」

所謂拜占庭帝國，即以君士坦丁堡為中心存續於東方的羅馬帝國。儘管主要語言從拉丁語再度換成希臘語，但當時帝國居民依然以「羅馬人」自居。八一二年法蘭克與拜占庭就威尼斯一事達成和解，拜占庭雖承認查理曼是「巴西琉斯」（Basileus，希臘語的皇帝），卻絕不認同其為「羅馬人的皇帝」（Imperator Romanorum）。編年史作家狄奧法尼斯（Theophanes）便稱查理曼為「法蘭克人的皇帝」，顯然只有君士坦丁堡的皇帝才是「羅馬人的皇帝」。另一方面，法蘭克宮廷亦正式放棄成為「羅馬人的皇帝」，查理曼將皇帝文書上垂飾的印璽銘文「羅馬帝國的再生（renovatio）」改為「法蘭克王國的再生」。不過法蘭克宮廷同時也稱拜占庭皇帝為「希臘人的皇帝」，試圖將他們與過往的羅馬帝國切割。當然，這一反法蘭克宮廷既有的形象。理念上的古代羅馬世界也逐漸喪失一體性。

與伊斯蘭世界的接觸

《小洛爾施編年史》在八〇二年的條目中詳述查理曼的法制改革，最後以「是年大象來到法蘭西亞」作結。這頭象名叫阿布·阿拔斯，是當時阿拔斯王朝第五任哈里發哈倫·拉希德致贈查理曼的禮物，從中東一路運往歐洲。野生大象原本也不是棲息在阿拔斯王朝領土內，是十分珍貴的動物，印度君主進貢給哈里發時還特地留下紀錄。想必阿布也是出生於印度，後來才被送至巴格達。艾因哈德說阿布是拉希德擁有的唯一一頭象，此言應該不假。由此可見，哈里發致贈法蘭克人之王的大象，具備外交上的重要性及象徵意義。本段依據哈克的研究，聚焦於這頭象的旅程，同時探討當時基督教世界與伊斯蘭世界的關係。

法蘭克方面的史料稱拉希德為「波斯王亞倫」，《查理曼傳》第十六章更特別提到除了印度之外，整個東方幾乎都歸他掌管，而他在所有國王當中格外重視查理曼。與查理曼維持著這般經艾因哈德美化過的友好關係之同時，拉希德也試圖與東方的唐朝皇帝結盟。七九八年哈里發的使者造訪長安，生平不明的蘭德弗里德與西吉斯蒙德也大概在前一年偕同猶太人伊薩克（Isaac the Jew）自法蘭西亞前往巴格達。沒有人知道身為外交使節的他們背負著什麼樣的任務，而且前兩位還客死異鄉。伊薩克是經營長途貿易的商人，一般認為他通曉東方語言，在此行中扮演嚮導的角色，可惜沒有決定性證據可供證明。不過伊薩克是猶太人最早在卡洛林王朝國王身邊活動的例子，其他史料也證實諸位國王不但保護猶太人，更賦予他們合適的職務。總之，七九七年派往東方的法蘭克國王使節當中，最後只有伊薩克於八〇二年隨著大象阿布歸國。

伊薩克在八〇〇年左右帶著阿布從巴格達出發。不知是因為要運輸大象，或是基於外交上的理由，一行人避開與阿拔斯王朝敵對的拜占庭帝國和後伍麥亞王朝領地的主要陸上幹道。八〇一年十月，伊薩克等人從「非洲」行抵拉斯佩齊亞附近的維內雷港，等到春天後才越過阿爾卑斯山，並於隔年七月二十日抵達亞琛。值得注意的是，將大象從非洲北岸運至維內雷港一事由查理曼負責。艾因哈德之所以在書中提到查理曼想要哈里發的大象，或許也可從這件事看出。據《法蘭克王國編年史》所述，哈里發的使者先抵達比薩，在韋爾切利與伊夫雷亞交界一帶會見加冕後仍停留在義大利的查理曼。查理曼從他們口中得知伊薩克與大象的事，便命書記官（Notarius）埃爾甘拜爾德前往利古里亞準備運輸船隊。運送大型動物需要一定的造船技術與航海術，這方面查理曼得借助併吞倫巴底王國後新領地人民的知識和經驗。

派遣使節前往巴格達需耗費許多時間。《弗萊德加編年史續編》提到七六五年查理曼之父丕平曾命使者拜會「撒拉森人」的哈里發曼蘇爾，當時從出發到回國就花了三年的時間。不過要謹記，這段「外交關係」也與耶路撒冷的立場有關。《查理曼傳》第十六章將遣往耶路撒冷的使節與遣往巴格達的使節掛鉤，稱查理曼為了將聖地納入管轄，因此尋求哈里發的同意。根據法蘭克方面的史料，在持續互通使節的情況下，查理曼加冕前夕從耶路撒冷使節手中取得了聖墓等重要聖地的鑰匙。姑且不論此事是真是假，查理曼宮廷確實與耶路撒冷總大主教保持聯繫。查理曼宮廷顧及聖地基督徒的處境，命令聖地各處教會組織的法蘭克人進行現地調查，至今仍保有相關記錄。卡洛林家族往東方派遣使節則是為了保護基督徒，同時遊說哈里發締結祈禱兄弟盟約，建立精神上的關係。

相對於持續互通外交使節的阿拔斯王朝，卡洛林政權與伊比利半島的鄰近伊斯蘭諸勢力關係及軍事衝突更加複雜。七三二年得勝的圖爾戰役未必是決定性的關鍵，光就紀錄上來看，之後鐵鎚查理亦曾兩度戰勝伊斯蘭軍。後來因為八世紀中期伊比利半島的政治情勢出現變化，來自伊斯蘭方面的壓力才暫時停歇。隨著地中海東方的伊斯蘭「中心」發生政權交替，阿拔斯王朝取代伍麥亞王朝，伊比利半島也進入政治混亂時期，後伍麥亞王朝於此時成立。在這種情況下，不少西哥德人逃亡至法蘭克王國領土，其中包含了提奧杜爾夫（Théodulf）等受查理曼提拔而活躍的知識分子。

查理曼統治時期，法蘭克王國開始進攻伊比利半島。後世的《羅蘭之歌》（*La Chanson de Roland*）即是改編自七七八年遠征伊比利半島北部時知名的隆塞斯瓦耶斯隘口戰役。遠征前一年，反後伍麥亞王朝的伊斯蘭勢力派遣使者拜訪查理曼的宮廷，因而促成了這次遠征。遠征失敗後約十年編撰的《法蘭克王國編年史》談到了這位使者，卻隻字未提此人與翌年遠征的關聯及遠征目的。這件事著實耐人尋味，畢竟法蘭克宮廷撰寫編年史時，不應該忽略遠征前夕查理曼與教宗哈德良一世的書信往來。若根據《卡洛林王朝書信集》的記述，查理曼是從穆斯林使者口中得知伊斯蘭勢力再度進攻，因而打算出兵阻止。至於哈德良一世方面，則視這場戰役為對抗無信仰者的宗教戰爭。七八五年法蘭克勢力征服吉隆納、烏赫爾，以及八〇一年征服巴塞隆納後，於伊比利半島北部設立名為「西班牙邊疆區」（Marca Hispanica）的據點，這件事也影響了七七八年戰役的評價。虔誠者路易在位時修訂的《法蘭克王國編年史》版本中將這場戰爭定位成征服戰爭，哈克認為這應該最接近查理曼及身邊有力人士的實際動機。而就查理曼信中的理由來看，目的則是為了得到教宗祈勝這個極其重要的援助。

八〇五年左右，卡洛林家族親近人士撰寫了《古梅斯編年史》（*Annales Mettenses priores*），裡面的描述讓人在意。該編年史稱查理曼應基督徒的要求進攻伊比利半島，讓他們從異教徒的統治中獲得解放。部分研究者認為這段描述是受邊疆區西哥德系居民的影響，並將之解讀為日後十字軍思想的徵兆。姑且不論這樣解釋是否正確，由於該書具有歌頌卡洛林王朝事蹟的傾向，故強調「拯救基督徒免於異教徒的支配」這點本身就有其意義存在。可以說與周邊世界關係生變的同時，法蘭克國王的「形象」也隨之變化。

「歐洲世界」的誕生

我們不能將「單一」的中世紀基督教世界逕自視為「歐洲」的原型。事實上，八至九世紀的西方拉丁基督教世界，或說羅馬天主教世界，與東方拜占庭正教世界之間鮮少呈現一體性。「羅馬主教」的首席權爭議始終懸而未決，例如八七九年在教宗若望八世同意下召開的君士坦丁堡大公會議*，當中雖承認西方教宗的管轄權，卻否定其對東方教會的管轄權，僅承認名譽上的首席地位。

＊受前幾年佛提烏分裂（Photian Schism）的影響，東西雙方開始就教區管轄權及和子論產生衝突，因而此次會議獲東方正教承認為大公會議，但西方羅馬公教不予承認。這次的糾紛開始加深雙方裂痕，進而導致日後一〇五四年的東西教會大分裂。

至於西方基督教世界內部對一體性有多少認知，這點也難以釐清。

再回過頭來看「歐洲」一詞的當代用法。查理曼死後，法蘭克人開始以「歐洲」一詞形容法蘭克王國的定位。奧爾良主教提奧杜爾夫曾祝賀虔誠者路易從查理曼手中繼承「歐洲諸王國」，尼塔杜斯則記錄了查理曼孫輩間的內戰，並在卷首提到查理曼統治「全歐洲」。德國歷史學者克勞斯・奧歇馬（Klaus Oschema）認為這應是受不列顛居民將「歐洲」概念與大陸上的「帝國」連結，以便與不列顛群島作出區隔的影響（但愛爾蘭人似乎認為愛爾蘭也是「歐洲」的一部分）。不過席弗認為，與查理曼同時代的人們之所以用模糊的「歐洲」概念歌頌查理曼統治，原因在於他的成功與影響力超越了法蘭克人各民族過往的歷史框架，因此只能用另一種更宏大卻又不明確的規模來衡量。這樣的看法有其參考價值。或許是這種感覺仍留存於記憶中，八八八年查理曼曾孫胖子查理（Charles le Gros)去世時，在雷根斯堡編寫的《弗爾達編年史》（*Annales Fuldenses*）續編以「歐洲」指稱胖子查理的帝國，也提到「歐洲」隨後分裂為各王國。姑且不論實際情況如何，至少就規模而言，胖子查理是最後一位統一曾祖父帝國的國王。

之後卡洛林王朝的帝國就不再統一。不過從法律、行政、軍事等國家制度層面，到貨幣、度量衡等社會生活層面，甚至是教會的形態及文化，後繼諸國及深受其影響的國家在各領域多少都承襲了卡洛林時期的記憶、遺產及傳統。查理曼等人施行種種措施時，未必意識到所謂的「統一性」，因此或許只能稱之為事後諸葛，但這樣的結果依然不可忽視。

七五一年卡洛林王朝建立法蘭克王國，隨後慢慢擴大，儘管內部充滿多樣性，卻逐漸具備了一定程度的均質性，同時也意識到與外界之間的「邊界」，這段過程透過本章的分析可見一斑。雖然在許多情況下，法蘭克王權都皆與羅馬教權息息相關，但雙方關係的形成原本就與這段過程並行。本章探討這段約莫半世紀的期間，正好是以法蘭克王權（或後繼王權）與羅馬教權為主（但各自凝聚力有所變動）的「歐洲」世界——要說西方基督教世界也好，拉丁基督教世界也罷——於歐亞大陸西端興起的時期。就這個層面來說，這段時期可視為是西歐的歷史轉換期。

第三章　拜占庭皇帝的帝國統治與世界認知

大月康弘

1 八至十世紀的地中海世界與拜占庭帝國

八至十世紀地中海世界的歷史相位

本冊討論歐亞大陸的歷史時，將七五〇年定為七至九世紀間最具象徵性的一個轉捩點。先從結論說起，就東地中海世界，即拜占庭帝國的情況來看，歷史演變的確證實了這個假設。

這一章要探討七至九世紀發生於東地中海世界的「時代轉換」。不過在該地區的歷史過程中，這段時期的史料尤其貧乏，因此只能採用後世、亦即十世紀的記述史料，來觀察八世紀後期東地中海地域社會發生的政治變動，以及拜占庭帝國面對的國際環境。而我們除了聚焦於八世紀後期的轉捩點，也會關注十世紀所具備的特質，以便理解當時東地中海世界的狀況。

探討東地中海世界的歷史時，羅馬帝國與基督教是最重要的要素。兩者於四至六世紀互相融合，並奠定日後「中世紀歐洲世界」的基礎。此後東地中海世界成為羅馬皇帝依循基督教救贖觀念

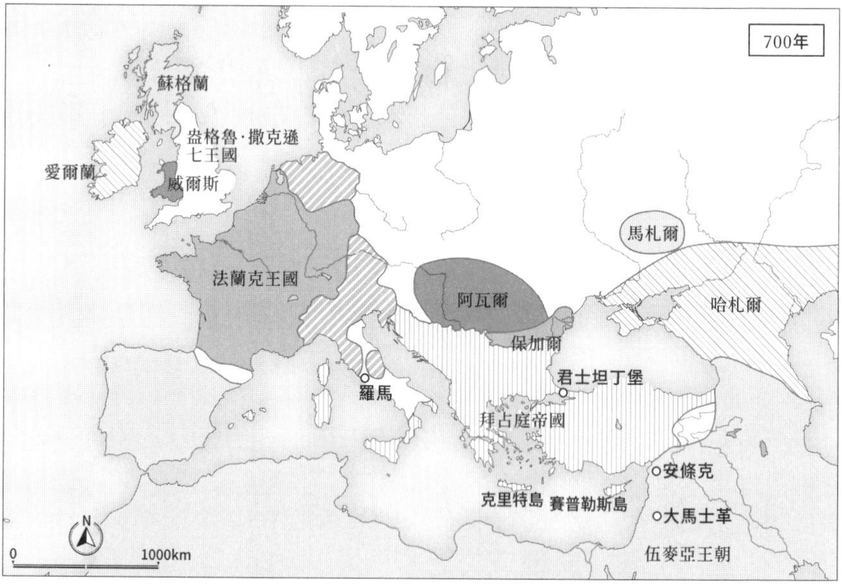

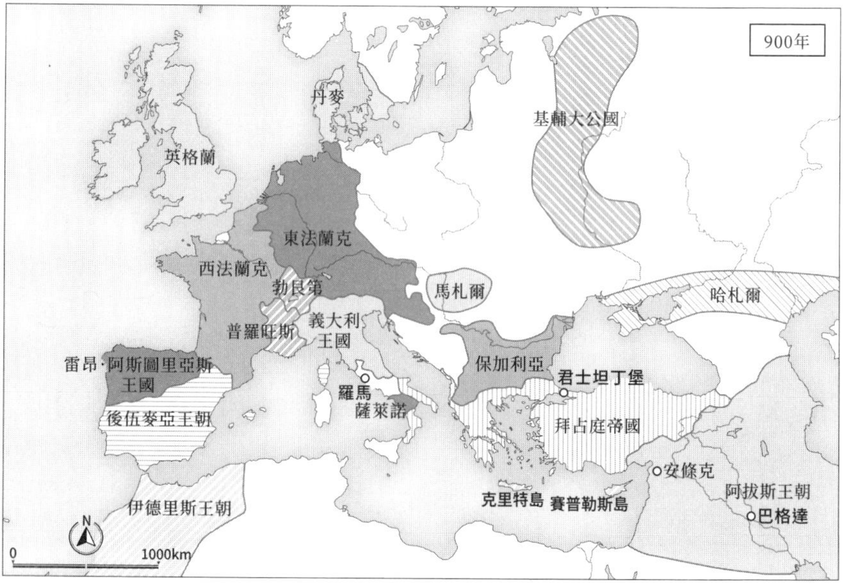

700 年與 900 年的地中海世界

統治的社會。做為基督教羅馬帝國，中世紀羅馬帝國不僅將教會、聖職者等新文化要素納入國家理念，也納入現實制度內，並依循規則來形塑地中海周邊的地域社會。

基督教羅馬帝國，亦即拜占庭帝國，跟後來的法蘭克帝國成為兩個鼎立於歐亞大陸的普遍世界。本章將深入考究其展現的「帝國」觀與「世界」理念。

當國家與社會基督教化後，坐鎮君士坦丁堡的拜占庭皇帝仍一貫自稱「羅馬皇帝」。對於使用此稱號的理由，以及「帝國」的秩序與「世界」應有的樣貌，皇帝與周遭的人又是怎麼想呢？我們將透過觀察流傳下來的記述，來釐清地中海歐洲世界的轉變過程。

關於史料狀況

如同前述，九世紀末期之前的拜占庭史料十分稀少。雖然六世紀之前仍有皇帝下達的敕令及其匯集的法典等豐富史料，但七世紀之後卻幾乎中斷，主要原因在於七至九世紀伊斯蘭勢力的擴張，使得拜占庭被迫面臨緊繃的對外關係。寫成於該時期的文書頂多只有戰術書（Taktikon）等實用軍事資料，或歷代修道士撰寫的編年史，要找到敘述這個時代的史料多半只能仰賴後世。

這樣的狀況反映出當時帝國所面臨的迫切政治局面，可能是受戰亂影響導致史料失傳。然而九世紀後期以降出現的各種資料，都不曾提及七至九世紀的文件書籍，因此可推測那個時代的史料文本實際上並不存在。文學作品也是同樣的情況。佛提烏（Photios）的《古典文獻總覽》（*Bibliotheca*）提供了九世紀君士坦丁堡的文獻清單，其中收錄書目總數雖然破百，但只輯錄了最為傑出的作品。

另一方面，十世紀的拜占庭世界著有大量文本，也興建了許多建築物。皇帝敕令、法律書籍，以及基督教聖職者們撰寫的編年史、聖人傳等等，至今仍完整保存下來，史料上明顯可見當時基督教羅馬帝國的盛況。

我們要考究這些十世紀的拜占庭史料，當然有其正面的積極意義。

自四至五世紀羅馬帝國基督教化以來，東地中海世界在國家制度、社會結構、文化現象等各方面均帶有濃厚的基督教要素。以拜占庭國家做為主體分析其史料，不僅能夠了解拜占庭社會，還有助於探討東西歐基督教各國與拜占庭帝國交涉過程中發展出的特色。尤其法蘭克王國號稱帝國後逐漸成為西歐世界的中心，拜占庭帝國對其造成的影響更顯重要。

此外，由於基督教世界觀深深影響了日後的諸多社會，就理解現代西洋社會的層面來說，分析於四至十世紀孕育出該世界觀的拜占庭世界，亦有其意義。皇帝坐鎮在曾經是「世界」中心的君士坦丁堡，周邊又形成了怎樣的世界觀呢？爾後十一世紀的西歐知識分子透過與東地中海世界高階聖職者的辯論，逐漸醞釀出他們的世界觀〔一〇五四年東西教會大分裂（分為希臘正教與羅馬天主教）即為重大局勢之一〕，用他們的話語重新檢討基督教羅馬帝國的原貌，對於概觀往後的歐洲史

西曆	主要事件
634	阿拉伯軍入侵拜占庭領地。
674	阿拉伯軍第一次圍攻君士坦丁堡。「希臘火」首度啟用。
688	拜占庭皇帝查士丁尼二世與伍麥亞王朝哈里發阿卜杜·馬利克共同統治賽普勒斯島（共治維持至 965 年）。
692	特魯洛會議（Trullan Council）。
717	阿拉伯軍第二次圍攻君士坦丁堡。
726	利奧三世頒布「聖像膜拜禁令」（聖像破壞運動的開始）。
751	倫巴底人占領拉溫納，總督（Exarchatus）遭處死。
787	第二次尼西亞大公會議（第七次大公會議）（恢復偶像崇拜）。
800	法蘭克王查理（卡洛林王朝）被加冕為「羅馬皇帝」。
827	阿拉伯軍占領克里特島（至 967 年），並登陸西西里島。拜占庭的制海權因而限縮在愛琴海及亞得里亞海。
831	阿拉伯軍占領巴勒摩。
841	阿拉伯軍占領巴里（至 916 年）。
860	羅斯人攻擊君士坦丁堡。
863	基里爾（Cyril）與美多德（Methodius）兄弟至摩拉維亞傳教。
864/66	保加利亞可汗鮑里斯·米哈伊爾（Boris I Mikhail）受洗。
878	阿拉伯軍占領敘拉古。
904	阿拉伯軍占領塞薩洛尼基 。
911	拜占庭·俄羅斯通商條約。
913	保加利亞王西美昂一世（Symeon I）進入君士坦丁堡。
917	保加利亞王西美昂一世擊敗拜占庭軍。
945~959	君士坦丁七世單獨統治。
952	《帝國統治論》（De Administrando Imperio）問世。
959~963	羅曼努斯二世（Romanos II）統治。
963~969	尼基弗魯斯二世福卡斯（Nikephoros II Phokas）統治。
961	尼基弗魯斯二世自阿拉伯勢力手中奪回克里特島。
962	二月二日鄂圖一世（Otto I）被加冕為「羅馬皇帝」。
965	奪回賽普勒斯島。
967	奪回克里特島。
969	奪回安條克。
969~976	約翰一世齊米斯基斯（John I Tzimiskes）統治。
972	四月十四日賽奧法諾（Theophanu）（約翰一世齊米斯基斯的姪女）於羅馬聖彼德教會下嫁鄂圖二世（Otto II）。
976~1025	巴西爾二世（Basil II）（羅曼努斯二世之子）統治。
988	巴西爾在基輔大公弗拉基米爾（Vladimir）的援助下平定巴爾達斯·福卡斯（Bardas Phokas）的叛亂。妹妹安娜（Anna）下嫁弗拉基米爾。俄羅斯基督教化。

7-10 世紀的地中海世界與拜占庭帝國

來說相當重要。話雖如此，東正教世界實際上也承認各地區的教義差異，因此得注意不能從東正教教會的角度一概定義教義，還必須慎重檢討各地域的思想如何產生影響。

為了通盤觀察地中海歐洲世界的樣貌，本章將考察對象定為包含阿爾卑斯山以北的高盧地區（西北歐）的基督教世界。不過受限於篇幅，內容上需與前面第二章相互對照。上一章觀察了地中海西半部，以及阿爾卑斯山以北狹義的歐洲世界樣貌。本章則要探討伊斯蘭勢力崛起，造成政治及經濟劇烈變動的東地中海世界發展狀況。

何謂「帝國」

本章將著眼於十世紀中期（九五二年）編纂的《帝國統治論》（*De administrando imperio*），考察其內容及所呈現的世界觀，進而觀察當時世界秩序的實際變化。

本書由皇帝君士坦丁七世（Constantine VII，九一三—九五九年在位）親自執筆，是一本記錄「帝國」應有的樣貌，並傳達世界具體情勢的稀有書籍。序文提及，這是於其子羅曼努斯〔日後的羅曼努斯二世（Romanos II）〕十四歲生日時贈送給他的「帝國」經營指南。書中記載了地中海各地狀況，從諸民族的性格到彼此交涉協商的歷史皆有提及。依循內文脈絡，我們可藉由該書整理資訊的方式一窺拜占庭皇帝如何認知「世界」及「帝國」。

如同前述，做為一個基督教羅馬帝國，拜占庭帝國的體制在五到六世紀時便已幾近完成。查士丁尼在位時期的法典編纂與制度建立，深深影響了東哥德王國等日耳曼人諸王國。不過在七至八世紀伊斯蘭勢力興起期間，整個基督教世界的架構面臨變動。阿拉伯人擴展帝國版圖，導致拜占庭帝國的領土縮減。此外，由於義大利半島的情勢生變（倫巴底王國入侵義大利），羅馬教宗轉而向卡洛林王朝的法蘭克國王尋求庇護，而這也成為法蘭克王國發展的契機（參照第二章）。

八〇〇年聖誕節，法蘭克國王查理曼於羅馬聖彼德教會戴上「皇冠」，象徵西歐世界政治上的自立，不屬於涵蓋全地中海的基督教羅馬帝國世界。九世紀以降拜占庭帝國的基督教世界觀，可能也因此產生了某種程度的變質。實際統治疆域僅限東地中海世界的拜占庭帝國，被伊斯蘭勢力奪走敘利亞、埃及和北非一帶後，領土進一步縮減。對拜占庭帝國而言，自身做為「世界」統治者的世界觀是否因此變質，確實成為一個大問題。

八世紀的地中海世界，正值伊斯蘭勢力往西推進至北非的時期。八三一年來自北非的阿拉伯軍占領了西西里島的巴勒摩（Palermo），之後阿拉伯海軍就以巴勒摩為據點，開始攻擊西西里島及南義大利各地。八四〇年塔蘭托（Taranto）淪陷後，八四一年巴里（Bari）也被占領，這對基督教世界來說非常重要。巴里為阿普利亞地方的重要城市，也是拜占庭帝國在義大利的據點，自古以來皆設有守備隊。為了奪回巴里，後續基督教勢力（拜占庭及法蘭克軍）在微妙的政治關係中摸索著合作之道。

而這本《帝國統治論》，就記錄了這段歐洲地中海世界的歷史與現況。

9-10 世紀初的南義大利、西西里島

標註年代為阿拉伯人占領期間

2 八至十世紀拜占庭帝國與馬其頓王朝的系譜

馬其頓王朝的系譜

拜占庭歷代皇帝一直以來都自稱「羅馬人的皇帝」，國家觀念也是除了「羅馬帝國」外別無其他。通稱拜占庭帝國的國家不僅與基督教要素結合，更傳承了自古以來的羅馬理念。

根據《帝國統治論》記載，十世紀的拜占庭帝國雖持續對抗阿拉伯，但也處於相對穩定的時期。當時國內文化活動蓬勃發展，而君士坦丁七世的祖父巴西爾一世（Basil I，八六七～八八六年在位）出身馬其頓地區，故此時期也被稱為「馬其頓文藝復興」。拜占庭社會的有力人士常常會提拔身邊的擁護者，驍勇善戰的巴西爾周旋於數位有力人士間，最終被提拔為帝國高官，成為皇帝米海爾三世（Michael III）的親信。巴西爾本身也有一群擁護者，此時他們發起政變，於八六七年暗殺米海爾，助巴希爾篡位。就任皇帝的巴西爾雖是個道地的軍人，卻也費心保護文人，如前面介紹的佛提烏（八二〇—八九七年）等人，他們為馬其頓王朝增添了許多色彩。

巴西爾一世過世後，君士坦丁七世的父親利奧六世（Leo VI）於八八六年即位成為皇帝。他接受當代一流文人佛提烏的指導，之後雖因教義問題放逐了佛提烏，卻也從這位老師身上習得豐富的學識，留下許多典禮詩、世俗詩、演說稿等等，甚至被譽為「賢帝」、「哲人」。不過利奧六世的出身有爭議，導致他與父親巴西爾不和。母親歐多基婭．英格里娜（Eudokia Ingerina）本是米海爾三世的情婦，巴西爾一世懷疑利奧可能是米海爾之子。因為這個緣故，巴西爾生前兩人處處針鋒相對。不過利奧延續巴西爾的事業，創下了種種豐功偉業，為這個時代增添許多光彩。除了詩篇等文學作品外，利奧還命人簡化查士丁尼一世完成的《查士丁尼法典》（*Corpus Iuris Civilis*），改編為希臘語的《巴西利卡法典》（*Basilika*），並編纂首都君士坦丁堡工商業組織相關法令集《總督之書》等書。

利奧六世去世時（九一二年），君士坦丁七世年僅六歲。利奧的弟弟亞歷山大（Alexandros）繼位後也早逝，年幼的君士坦丁最終還是成了皇帝，並由生母佐伊．卡波諾辛納（Zoe Karbonopsina）攝政。佐伊攝政期間仍持續對外抗戰，但於九一七年保加利亞之戰敗戰後失勢。海軍司令羅曼努斯．利卡潘努斯（Romanos I Lekapenos，羅曼努斯一世）趁機發動政變（九一九年三月），放逐了佐伊．卡波諾辛納。

羅曼努斯來自亞美尼亞，跟巴西爾一世同樣是農家子弟。在這個帝國裡，各種出身之人都可憑藉自身才能、努力及運氣獲得高官爵位。羅曼努斯曾任帝國海軍士官，一路升上海軍司令。九一九年政變後，羅曼努斯將女兒海倫娜（Helena）嫁給君士坦丁七世，成為他的岳父，同年九月升為副皇帝，十一月更當上共治皇帝，掌握了帝國實權（九二〇—九四四年在位）。九二〇年十二月，羅曼努斯即位正皇帝，將君士坦丁七世降格為共治皇帝。此後長達二十四年的時間，君士坦丁七世皆無法插手帝國統治實務。

羅曼努斯即位後巧用政治聯姻，強化與貴族間的關係，試圖讓利卡潘努斯家世襲帝位。然而九三一年寄予厚望的長子克里斯托弗（Christopher）比父親先行離世，導致計畫受挫。雖然羅曼努斯另有兩位兒子史蒂芬（Stephanos）及君士坦丁（Constantine），但因能力不足被排除在繼承人選之外。羅曼努斯一世只好放棄世襲，於九四四年指名君士坦丁七世為帝位繼承者。不過兩位兒子對此安排感到不滿，九四四年將羅曼努斯一世趕下帝位，流放至馬爾馬拉海的普林奇波島（今日王子群島之一），逼迫他進入修道院出家。

接著兩人又企圖排除君士坦丁七世，將帝位占為己有，但君士坦丁七世獲得宮廷護衛隊與民眾的支持，兩人反遭護衛隊逮捕放逐，君士坦丁七世因而復位為正皇帝。

九四五年，四十歲的君士坦丁七世成為唯一皇帝，從此直到五十四歲過世前的十四年間，他都掌握著帝國實權。不過由於先前岳父羅曼努斯一世把持宮廷，君士坦丁七世雖自青年時期便已接觸典章制度，卻無實務經驗，因此不適合處理統治實務。根據編年史（《狄奧法尼斯編年史續寫》及克德瑞諾斯的著作）記載，在君士坦丁七世單獨統治的時代，實務仍由羅曼努斯一世之女，皇后海倫娜及數名高官掌控。至於他則致力於外交，尤其是接待外交使節的儀式等瑣事。

九四八年六月十五日，修道士羅曼努斯孤獨地死去。此後利卡潘努斯家族幾乎不曾出現在拜占庭帝國歷史的檯面上。順帶一提，羅曼努斯一世是拜占庭史上第一位在皇帝名後附上家族名（利卡潘努斯）者。一般認為此舉導致社會的貴族階級抬頭（這裡則是軍人貴族階級），亦即拜占庭封建制的開始。

馬其頓文藝復興

君士坦丁七世時期的君士坦丁堡，有著自九世紀以來與文人結下的歷史淵源。馬其頓文藝復興可說是由其父利奧六世的老師佛提烏，及哲學家利歐等人一手促成。

佛提烏自然是當時的代表人物。他兩度任職君士坦丁堡宗主教（八五八—八六七年、八七七—八八六年在位，又稱牧首），被東正教會奉為聖人，對古希臘文化也有深厚的造詣，曾在首都的哲學大學擔任教授。佛提烏任職宗主教期間與羅馬教廷關係惡化，史稱「佛提烏分裂」。有趣的是，這段時期與阿拔斯王朝宮廷的關係反而十分緊密。除了親巴格達更甚羅馬的傾向外，政治及文化的國際關係面向也值得關注。

佛提烏的主要著作《古典文獻總覽》，執筆於八四五年做為使者派往阿拔斯王朝的巴格達宮廷之際。這是關於兩百八十冊希臘古典著作的評論集，內容輯錄了他讀過的作品概要、作者經歷及採用的記述形式，不少研究者認為此書相當於現代的書評。《古典文獻總覽》內含一百五十八冊基督教相關文獻及一百二十二冊世俗文獻。這些世俗文獻分別出自九十九位作家之手，其中雖不見詩作，卻涵蓋了歷史學、修辭學、哲學、科學等所有類別。其中以歷史學最多，總計有三十一人的三十九部作品。有趣的是，書中還提到阿拔斯王朝的宮廷人士特別重視希臘科學、哲學與藥學。

哲學家利歐（Leo the Philosopher）較佛提烏年長，極可能為他提供了《古典文獻總覽》輯錄的書籍。關於利歐有段有趣的故事。利歐其中一位學習歐幾里德的學生在八三〇年為阿拉伯人所俘，其領袖(哈里發) 從這位學生口中聽聞他的老師學富五車，便邀請利歐前往巴格達。

君士坦丁堡做為技術與科學、思想與哲學等重重交織而成的文化空間，自四世紀以來吸引了無數追求學問的青年，因此有許多私人學校。利歐身為教授各種希臘科學，尤其是數學的希臘文化研究者，當然也是如此。雖然利歐曾受巴格達宮廷延攬，卻在皇帝狄奧斐盧斯（Theophilos，八二九—八四二年在位）慰留後決定留在這座城市。在「四十殉教者教會」附設學校授課的利歐，隨即被任命為塞薩洛尼基大主教。八四三年東正教恢復後，利歐遭罷免返回首都，接著被瑪格瑙拉宮設立的學校拔擢為哲學教授。瑪格瑙拉意指「偉大的光輝」。利歐在這座宮殿內的學校裡教授幾何學、算數及天文學（即四學科中的三科）。

利歐不僅是學者，更是講求實作的技術家。好比安置在瑪格瑙拉宮內的皇帝寶座，便是他親手設計的。雖然拜占庭方面的希臘文史料並未留下描述，這個先進的裝置卻令所有來自東西方的外交使節讚嘆不已。以下是相關敘述：

> 「君士坦丁堡的下榻處與宮殿相鄰。宮殿十分宏偉壯觀，由於座落在第五區，希臘人稱之為「雙伽馬的瑪格瑙拉」。瑪格瑙拉意指「偉大的光輝」。君士坦丁（七世）命當時剛抵達的西

班牙使節、我，還有利廷佛列德斯在此處等候。皇帝寶座前聳立著黃銅打造，覆有金箔的某種樹木，枝頭上停著許多同樣覆有金箔的黃銅鳥兒，按其種類發出形形色色的啼囀聲。平時皇帝寶座總是穩固地安置在高處，以凸顯它的崇高。寶座充滿威嚴，獅子有如衛兵般監視著四周。雖看不出是黃金製還是木製，但獅子表面確實包覆著黃金。那些獅子尾巴深深穿入地底，肆無忌憚地吐舌嘶吼。兩位宦官緊挨著我，將我帶到皇帝面前。儘管獅子對我放聲咆哮，鳥兒不安地大叫，我仍未因此驚恐動搖。……我三度揖身行禮，對皇帝表示敬意。此時，皇帝升至離地一定的高度。我又行了三次禮，於是皇帝升至高不可攀之處。……」

——利烏特普蘭德（Liutprand），《報復之書》（*Antapodosis*）

這是九四八年奉普留利藩侯貝倫加爾之令拜訪君士坦丁堡的西歐使節，利烏特普蘭德（日後的克雷莫納主教）留下的記錄，生動描述了瑪格瑙拉宮由機關驅動的寶座、一對護駕金獅、鍍金的樹和樹上啼囀的鳥兒。這段記述勾起了後代歐洲詩人及文學家對東方的好奇心〔可見葉慈（William Butler Yeats）的《航向拜占庭》（*Sailing to Byzantium*, 1928）及《拜占庭》（*Byzantium*, 1933）〕。

3《帝國統治論》的作者與架構

君士坦丁七世的著述與家族

《帝國統治論》作者君士坦丁七世是馬其頓王朝第四任皇帝，即巴西爾一世之孫、利奧六世之子。他這個人，在拜占庭皇帝中屬於無法類比的存在。如同別名「Porphyrogenitus」所示，君士坦丁七世是生於「紫衣貴族」世家的正統繼承人，於其父在位時出生，而後繼位。從君士坦丁一世（Constantine I，三〇六—三三七年在位）到一四五三年帝國滅亡時的君士坦丁十一世（Constantine XI），拜占庭共有八十六位皇帝，其中四十三人因政變被迫讓位。在此帝國中，成為皇帝的往往是擁有才能與機運者，憑血統繼位的情況反而罕見。

君士坦丁七世畢生留下四本著作：《帝國統治論》、《典儀論》（*De Ceremoniis*）、《軍區論》（De Thematibus）及《巴西爾（一世）傳》（*Vita Basilii*）。本章主要介紹《帝國統治論》的概要，探討他如何理解「帝國」的擴展，並適度參考講述帝國觀念的《典儀論》，藉此清晰展現七五〇年這個東地中海區域歷史的轉捩點。《軍區論》敘述帝國各地軍區的情況，《巴西爾（一世）傳》則是他祖父的發跡史，故不列入本章的考究對象。

如同前述，《帝國統治論》是為其子羅曼努斯所寫。羅曼努斯在父親死後（九五九年）即位，是為羅曼努斯二世，拜占庭帝國馬其頓王朝的第四代（九五九—九六三年在位）。根據編年史的描述，羅曼努斯跟父親一樣缺乏政治能力，卻不像父親那樣擁有旺盛的求知欲，最終也沒能成為父親期望中的賢君。雖然羅曼努斯相貌英挺得人喜愛，但他欠缺意志力，行事草率，甚至可能因為縱慾過度而英年早逝。

在此簡單談談羅曼努斯二世跟基督教世界的關係。他結了兩次婚，第一次對象是亞爾的烏戈（Hugh of Arles，同時亦為普羅旺斯公爵）庶出之女貝兒塔．歐多基婭（Bertha Eudokia，參照本章世系圖），新娘推測年約十至十二歲，沒留下子嗣便過世了。後來，羅曼努斯跟賽奧法諾（Theophanu）再婚。賽奧法諾是全國各地推舉的太子妃候選人之一，皇太子對她一見鍾情，便迎娶入門。她跟羅曼努斯之間至少生了三個孩子，長子是後來即位的巴西爾二世（Basil II，九七六—一〇二五年），開創了對外具有聲勢的政治穩定期。次子在巴西爾二世統治期間從旁輔佐，兄長過世後即位為君士坦丁八世（Constantine VIII，一〇二五—一〇二八年在位），掌握帝國大權。另外羅曼努斯還有一位女兒安娜（Anna），她在九八八年嫁給了基輔大公弗拉基米爾（Vladimir）。當巴爾達斯．福卡斯〔Bardas Phokas，從伊斯蘭勢力手中奪回克里特、賽普勒斯、安條克的國民英雄尼基弗魯斯二世福卡斯（Nikephoros II Phokas）之侄〕引發內戰時，巴西爾二世曾向羅斯（Rus，斯拉夫人與北歐人）求援，故以妹妹這樁親事做為回報，羅斯也因此改宗東正教（Orthodox）。對日後的俄羅斯世界來說，這件事具有劃時代的歷史意義。

《帝國統治論》的架構

《帝國統治論》為君士坦丁七世的主要著作，內容共有五十三章。一開章便可發現此書內容涉及與周邊諸民族的關係，也就是所謂的外交指南。正文從當時的世界中心觀察周邊狀況並加以記錄。總的來說，就是一本以君士坦丁堡為中心，描述帝國周邊諸民族的現狀、歷史及地理環境，即所謂歷史與地方志的百科全書。

圖 3-1　尼基弗魯斯二世福卡斯
藏於聖馬可圖書館

圖 3-2　巴西爾二世的複製畫
藏於雅典國立歷史博物館

書中引用了展現所羅門王智慧與榮耀的《舊約聖經》（詩篇七二），認為對統治者而言，智慧才是有用的美德。這本著作傳達自伊索格拉底（Isokrates）以來的古希臘羅馬理想與統治者典範，於兒子羅曼努斯滿十四歲的九五二年完成並贈出。畢竟本書的架構，就是統治「帝國」的皇帝理當學習的帝王學。

這裡也稍微談談本書問世的過程。本書最早於九四〇年代編纂而成，原本名為《諸民族論》，用以補足描寫國內各屬州的《軍區論》。也就是說，跟《軍區論》將帝國各地依屬州分類一樣，以相同方式來描述帝國周邊諸民族。對照到《帝國統治論》，則相當於第十四章至第四十二章的部分。

到了九五二年增補為現今的形式，大致可分為四部。第一部描述當時地中海歐洲世界政局最複雜危險的地區，也就是「北方人和斯基提亞人」居住地的政治情勢及應對方式。第二部是與當地諸民族間的外交關係。第三部所占篇幅最長，為帝國周邊諸民族的歷史和地方志，從撒拉森人講起，遍及地中海、黑海，再到帝國東部的亞美尼亞國。第四部則簡述帝國近來的歷史、政治及國家組織。

君士坦丁七世於九五二年版的序文中提到撰寫本書的動機。篇幅略長，全文如下：

> 有智慧的兒子是為父的驕傲。慈愛的父親能在聰明的兒子身上找到喜悅。
>
> 主賜與人類才智，要他適時發言，也給了他耳朵認真聆聽。智慧的珍寶與主同在，一切完美的贈禮皆來自於主。主令皇帝登基，授予他們統治萬民的權力。

聽好了，兒子。記住我的話，你將成為聰明而有智慧的人，得百姓祝福，夷狄民*齊來頌揚。你當比任何人都早知曉你必須知曉之事，以思辨力掌握統治帝國之槳，認清現狀，預測將來。如此便能明智地累積經驗，承擔身上的重責大任。

聽好了！接下來我要教導你幾件事情，好讓你累積知識經驗，不至於誤判什麼意見最好、什麼對整體有益。

第一，各夷狄民對羅馬人有何助益，又有何隱憂。以及如何對抗各夷狄民，或用其他夷狄民加以制衡，使其屈服。

第二，他們貪得無厭的本性，對賞賜索求無度。

第三，他們彼此間的差異、起源、習慣、生活方式，居住地的位置、氣候和地理測量記述，以及各時期羅馬人與夷狄民之間發生過的事件。

＊ ethnē，民族或國家之意，在此指異族或是不在帝國統治下的異邦人。

最後是我們國家不時引進的改革，以及羅馬人帝國的全面改革。

以上幾點是我思索後歸納出來的。親愛的兒子啊，我命人將此託付予你，讓你了解夷狄民彼此間有何不同，決定是要與他們交涉妥協，抑或與兵征戰。如此一來，夷狄民將被有大智慧的你所懾服，宛如遭烈火逼退般落荒而逃。用你銳利的言語把他們一刀斃命，使其啞口無言。你容顏散發出的威嚴令他們戰慄不已，望而生畏。全能的主，祂的盾將庇護你，主創造你，將使你賢明，指引你前進的方向，將你安放在不可動搖的基石之上。你的寶座是主前的太陽。主將時時關愛，使你免受任何災難。因為主從母胎中選擇了你，將祂的帝國賜與萬眾之上的你，將你置於丘頂蒙其庇佑，如黃金雕像位於高處，如山巔之城將高高在上，叫住在地上的夷狄民齊來進貢，跪拜在你跟前。

不過，支配永無終止之時的主，我的神啊。主啊，請庇蔭我兒子邁向成功之路。請祢時時關注他，聆聽他懇切的請求。用祢的尊手呵護他，使他成為真正的統治者。用祢的右手引導他，使他筆直地走在祢面前，遵守祢制定的規矩。令敵人在我兒子面前倒下，埋首於塵土之中。令我兒子一族枝繁葉茂，覆蓋帝國各個山頭。主啊，皇帝因祢君臨人世，我們永遠讚美祢。

君士坦丁要兒子羅曼努斯了解「夷狄民」的現狀與歷史，「以思辨力掌握統治帝國之槳」，並通曉夷狄民的本性，以及「他們彼此間的差異、起源、習慣、生活方式，居住地的位置、氣候和地理」。如此一來，他將被夷狄民奉為「有大智慧之人」，透過外交或征戰等手段使他們屈服。

皇帝做為「神的代理人」，行使「統治萬民的權力」。其寶座是「主前的太陽」。主賜與「萬眾之上」的羅曼努斯主的帝國，「將他置於丘頂蒙其庇佑」。在序文結尾，君士坦丁又竭盡禮數地向「主」禱告，不吝獻上讚辭。

皇帝眼中的「世界」情勢

接下來依序來看看全書內容。

第一章至第十三章描述佩切涅格人，及與之共同行動，或是周邊蠢蠢欲動的各民族。其中提到羅斯、圖爾庫、保加爾等民族，並談及佩切涅格人的勢力範圍，以及關於其他各民族所在的黑海西北岸記述。這部分是原本《諸民族論》之外的增修篇章。

章	內容
31	克羅埃西亞人與他們現在的居住地。
32	塞爾維亞人與他們現在的居住地。
33	札庫爾米人與他們現在的居住地。
34	特爾布尼歐斯人、加納里特人與他們現在的居住地。
35	迪奧克里亞地方的居民與他們現在的居住地。
36	又稱亞列納達尼人的帕卡尼人與他們現在的居住地。
37	關於佩切涅格人。
38	突厥人的系譜與他們的出身地。
39	卡瓦利人。
40	卡瓦利人各部族與突厥人。
41	關於摩拉維亞地方。
42	以下各地域的地理記述。從塞薩洛尼基到多瑙河、貝爾格勒；從土耳其、佩切涅格人之地到哈札爾人的都市薩克爾、俄羅斯及位於黑海的尼克羅斐拉（近聶伯河旁）；從博斯普魯斯到赫爾松的各城市，以及規模堪比海洋的邁歐提斯湖；名為特穆塔拉幹的城市、翠奇亞，以及帕帕基亞、卡薩基亞、阿拉尼亞、阿布斯基亞、索提瑠波里斯等地域。
43	關於泰隆（斯基泰地區北部）。
44	亞帕柯尼努斯地區與曼齊刻爾特、佩爾克里、克里亞特、加利亞特、亞爾捷斯、提比、凱爾特、賽拉瑪斯、伽馬茲各城市。
45	伊比利亞人。
46	伊比利亞人的系譜。關於雅爾達努茲市。
47	關於賽普勒斯人的遷居如下。
48	關於在君士坦丁堡大皇宮圓頂大廳內召開的第六次大公會議之第 39 章。
49	斯拉夫人為何開始服膺帕特雷教會？提問者從現狀所學到的。
50	伯羅奔尼撒地方的斯拉夫人、米林吉人 、埃澤利泰人，以及他們獻上的貢品；麥納市與當地獻上的貢品。
51	皇帝為何製造槳帆船。關於槳帆船的舵手，以及「法列斯的普羅特斯帕達里歐斯」的一切。
52	承前，羅曼努斯帝治世期間對伯羅奔尼撒當地馬匹的需求。
53	關於赫爾松市。

章	內容
1	與佩切涅格人及羅馬皇帝和平共處可帶來極大的好處。
2	佩切涅格人與羅斯人。
3	佩切涅格人與突厥人 。
4	佩切涅格人與羅斯人、突厥人。
5	佩切涅格人與保加爾人。
6	佩切涅格人與克森尼索居民。
7	皇帝使節自克森尼索前往佩切涅格人之地。
8	皇帝使節乘軍船自天佑之都出航，延多瑙河、聶伯河，以及聶斯特河 前往佩切涅格人之地。
9	羅斯人乘坐「有輪獨木舟」（monoxyla）自俄羅斯來到君士坦丁堡。
10	該如何和用誰對哈札爾發動戰爭。
11	赫爾松市與博斯普魯斯市。
12	俗稱的黑保加爾人攻擊赫爾松。
13	隸屬於突厥人的各民族。
14	穆罕默德的系譜。
15	法蒂瑪王朝的部族。
16	占星術師史蒂芬奴斯預言，世界曆 6130 年（西元 622 年） 9 月 3 日，希拉克略帝統治羅馬帝國的第十二年，撒拉森人 將傾巢而出。
17	狄奧法尼斯編年史。
18	阿拉伯族第二首長阿布・巴克爾僅維持三年統治時期。
19	阿拉伯族第三首長歐麥爾。
20	阿拉伯族第四首長奧斯曼。
21	狄奧法尼斯編年史：世界曆 6171 年（西元 662 年）的情況。
22	狄奧法尼斯編年史：穆阿維亞及其一族。他如何抵達西班牙。羅馬皇帝為查士丁尼二世被劓鼻者。
23	伊比利半島與西班牙。
24	關於西班牙。
25	懺悔者聖狄奧法尼斯的《歷史》。
26	名君烏戈的系譜。
27	屬州倫巴底與當地諸侯及統治者。
28	現今威尼斯地方的歷史。
29	達爾馬提亞與旗下諸侯。
30	屬州達爾馬提亞的歷史。

《帝國統治論》內容

第十四章至第二十二章講述穆罕默德與阿拉伯人的歷史。原著《諸民族論》從這個部分起筆，可見其對伊斯蘭勢力的重視。第二十一章〈狄奧法尼斯編年史：世界曆六一七一年的情況〉講述世界曆六一七一年，即西元六六二年發生的事情。世界曆（Anno Mundi）比自耶穌誕生起算的「西曆」早六個世紀，直至十五世紀仍是全基督教世界通用的標準曆法。耶穌誕生那年推定為世界曆五五〇九年，而世界將於七〇〇〇年完成。末世論即是奠基於此曆法年的觀念，預言西元一四九一至一四九二年為世界末日（世界曆每年始自九月，至隔年八月）。

該章同時引用了希臘文著作《狄奧法尼斯編年史》，記錄出現在帝國東方疆域的伊斯蘭國家歷史。

接著第二十二章講述羅馬皇帝查士丁尼二世（Justinian II，六八五—六九五年、七〇五—七一一年在位）在位期間的重大事件。查士丁尼二世別名「被劓鼻者」（Rhinotmetos），此名源自希臘軍區總督利昂提奧斯（Leontios）曾發動政變廢黜查士丁尼，並基於殘疾者不能當皇帝的理由削下他的鼻子。然而據說查士丁尼被流放到赫爾松時裝上了「黃金鼻子」，並再度即位稱帝。第一次在位期間，查士丁尼於六八八年與伍麥亞王朝哈里發阿卜杜·馬利克簽訂協議共治賽普勒斯島。此後一直到九六五年，該島都處於共同統治的狀態。

這章也提到了伍麥亞家族，以及他們如何抵達伊比利半島。後伍麥亞王朝在伊比利半島建立後，由於哥多華當地的基督徒社群受哈里發統治，基於政治考量，馬其頓王朝的拜占庭皇帝也曾與之交涉。

《帝國統治論》也明確提到查理曼死後法蘭克王國分裂的情況。王國分裂後，東法蘭克自九一九年起由薩克森王朝統治。九六二年鄂圖一世（Otto I，九三六—九七三年東法蘭克國王在位，九六二—九七三年羅馬皇帝在位）登上長期空缺的羅馬皇帝之位，建立了神聖羅馬帝國。關於鄂圖一世加冕前後與西方世界的關係，《帝國統治論》之後各章皆有敘述。

不過近年研究認為，鄂圖一世後來（九七〇年代後）成為「皇帝」一事，其中也帶有解放伊比利半島基督徒社群的宏大政治企圖。換言之，他是為了拯救基督徒同胞免受異教徒統治才挺身而出。另一方面，拜占庭皇帝也是基於同樣的「考量」，跟伊比利半島的基督徒社群維持聯繫。

第二十三章至第二十五章講述伊比利半島和西班牙。第二十三章開頭首先針對兩個「伊比利」加以說明。一是「如阿波羅多洛斯所述，起自厄波羅河，終至庇里牛斯山」，即現今我們通稱的伊比利半島。二是波斯人所在的伊比利亞。對君士坦丁七世的宮廷而言，黑海東岸（現今高加索地區）及北岸地域乃自古以來希臘人的殖民城市，再加上基輔大公間的外交關係，是一塊非常重要的區域。

第二十六章標題為「名君烏戈的系譜」，記錄直至十世紀中期南高盧與北義大利的情勢，並對照「繼承眾多詩文作品讚頌的查理曼血統」一族系譜，講述承襲洛泰爾一世（Lothair I）血脈的亞爾伯爵及勃艮第公爵。當時這位亞爾的烏戈正與普留利藩侯貝倫加爾一世（Berengario I）以及他的孫子貝倫加爾二世（Berengario II）爭奪義大利王位。義大利王烏戈的在位期間為九二六至九四七年。根據本書的敘述，他於九二三／四年進攻倫巴底並平定當地，用意在於援助反叛普留利藩侯貝倫加爾一世的北義大利貴族。之後勃艮第王魯道夫繼任義大利王，但義大利貴族卻群起叛變，推舉烏戈為王。雖然烏戈之子洛泰爾〔洛泰爾二世（Lothair II），九三一—九五〇年義大利王在位〕也曾短暫成為義大利王，實際上卻是貝倫加爾二世掌握實權，最終洛泰爾亦遭其毒殺。

此部分的描述展現出拜占庭對於義大利及普羅旺斯動盪政局的高度關心。本章內容大多直接來自情報提供者，例如後來的克雷莫納主教利烏特普蘭德，他年輕時拜訪帝都之際（九四八年）應接受過不少採訪。這部分的記述是現今學界探討十世紀前期當地歷史最重要且珍貴的史料。

第二十七章至第三十六章講述義大利北部至巴爾幹地區，以及分布於該區域的各民族。

第三十七章至第四十六章又重提佩切涅格人，談到土庫人、卡瓦利人的狀況，並針對塞薩洛尼基到多瑙河及伊比利亞地方（現今的高加索地方）的地理形勢加以解說。

第四十七章論及賽普勒斯島，是當時討論「帝國」必然的前提。如同第二十二章所述，自六八八年以來，賽普勒斯島便由拜占庭皇帝與伍麥亞王朝哈里發共同統治。但實際上賽普勒斯島長期處於阿拉伯伊斯蘭勢力之下，管轄當地的尼古西亞大主教始終無法司掌教區。此外，比起在精神上帶領信徒，更嚴重的是失去教區的財產管理權等諸多權限。本章主要講述從國家制度和法律上保障經營教區所伴隨的實際利益。

接著，第四十八章「第六次大公會議之第三十九章」引用了有關賽普勒斯情勢的舊法。六九二年，第六次大公會議於君士坦丁堡皇宮圓頂大廳召開，是拜占庭教會史上的重要會議。＊基本上，這場大公會議是在追認以弗所大公會議（Council of Ephesus，四三一年）的決議事項，包括強制接受拜占庭的儀典形式。教宗色爾爵一世（Sergius I，六八七—七〇一年在位）等羅馬主教拒絕簽署決議文，但十世紀的拜占庭皇帝尊重這次大公會議的結果，與羅馬天主教會分道揚鑣，以保護東方正教會的傳統與權益。

這邊提到的第三十九章標題為「賽普勒斯島的主教」，內容是請益在阿拉伯人侵略下逃至以弗所的主教約翰，釐清過往主教的權限。《帝國統治論》在這個部分同樣引用了第六次大公會議的決議文。

本書包含許多珍貴的第一手資料。如同前述的利烏特普蘭德，來自帝國東西方及北部的使節經常造訪帝都君士坦丁堡。包括義大利、巴爾幹、佩切涅基人領地，以及東方的亞美尼亞、高加索等地區相關情報，無疑都是從這些訪客與居留者口中得知的第一手消息。上述地區皆是軍事外交要地，所收錄的種種資訊也格外詳盡。

＊六九二年的會議由皇帝查士丁尼二世召開，又稱五六會議（Quinisext Council）或特魯洛會議（Trullan Council）。東方正教將其視為六八〇年第六次大公會議的延伸，故併稱之，但這次會議不受羅馬天主教會承認。

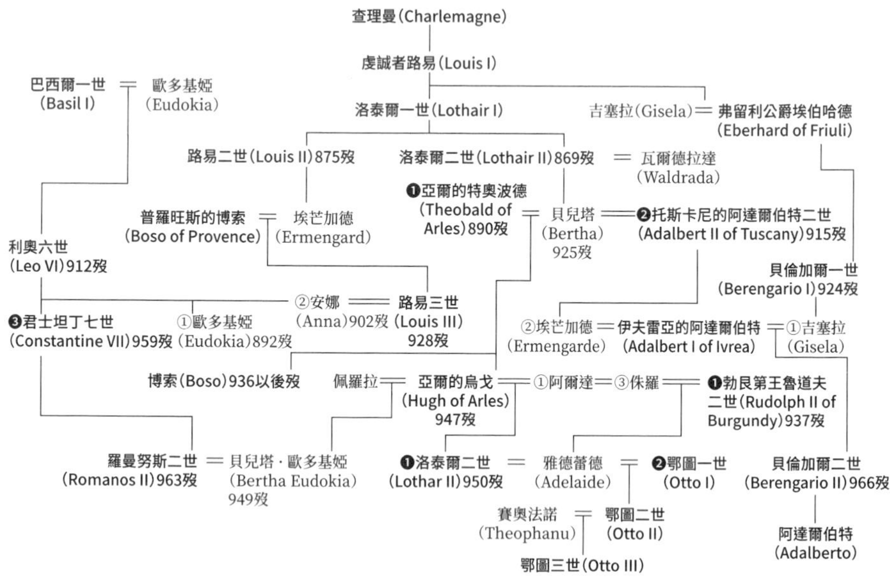

出處：Constantine Porphyrogenitus, *De Administrando Imperio. Vol. II*: Commentary. Ed. R.J.H.Jenkins, London, 1962. p.84，**據此增修**

9-10 世紀義大利相關世系圖

前面說到《帝國統治論》是送給兒子羅曼努斯的十四歲（九五二年）生日禮物，後來穆爾修斯（Johannes Meursius）再根據內容以拉丁語定下書名。希臘語原書開宗明義這麼說：

承自永世君主耶穌的羅馬人皇帝，送給神親手加冕的紫衣貴族之子羅曼努斯。

由此可見，本書的確是為皇太子量身打造的帝國經營指南。

4 「帝國」與「羅馬人的皇帝」

羅馬人與夷狄民

君士坦丁七世是如何認知「帝國」，又是如何看待身為「帝國」居民的諸民族呢？《帝國統治論》指出皇帝應以凝聚諸民族為要務。皇帝若熟知諸民族的歷史與現狀，便可使其心生畏懼，如此無須興兵便可令其臣服，而循著基督教世界觀的「孩子」、「兄弟」、「友人」關係來進行外交交涉。實際上，許多外交使節紛紛從帝國周邊地域來到君士坦丁堡，親眼見證帝國秩序的壯觀景象。

君士坦丁的另一部著作《典儀論》中，透露出以明確形式執行儀典的意圖。這本稀有的史書由皇帝親自執筆，記錄圍繞著君士坦丁堡皇宮周邊舉行的儀式內容，以及嚴肅而華麗的場面。本書序文如此寫著：

> 皇帝的職責，無非是將創造主賜予世上的和諧規律再現於眼前。

希望「帝國」輝煌尊貴的正是皇帝本人（君士坦丁七世）。《典儀論》將儀典比作「牧場採摘的花，使皇帝散發無比美妙的光芒」，並稱「讓我得以勝任帝位及元老院之職，從而肅穆又有條理地執掌大權」。儀典乃「置於宮中的明鏡」。

聖索菲亞大教堂宏偉美麗的姿態體現了聖神臨在的意象，堪稱帝都的象徵。帝都為「聖都」，「帝國」是反映天國秩序的地上秩序體。「皇帝」在這座大教堂及宮殿周圍舉行儀典，彰顯其統治「帝國」、甚至統治「世界」的角色與功能。

拜占庭的國際秩序理念

有關君士坦丁七世於《帝國統治論》與《典儀論》中闡述的「帝國」觀念，根據德國研究者奧圖．特萊汀格（Otto Treitinger）與法蘭茲．多爾格（Franz Dölger）的分析，可歸納為以下幾點：

(1)地上唯一的〈全能皇帝〉（Autokratōr）相當於天上唯一的〈全能之神〉（Pantokrator），應統治這個「世界」。

(2)羅馬的法理秩序經基督教化，仿效天國秩序制定而成。皇帝的臣民羅馬人（Rhōmaîoi）受其保護，得以享受有保障的和平，以及與文化之名相稱的唯一生活。

(3)受依據天使階級劃分序位的皇帝官員統治。

(4)「帝國」秩序外的民族（ethnē）皆為野蠻人（Barbaroi）。

(5)神賦予羅馬皇帝統治人居世界（Oikoumenē）的使命，野蠻人至今雖未在其權限之下，但神早已將此曇花一現的存在安排在救贖計畫之中，故他們名義上仍屬神的臣民。

(6)皇帝不斷地實踐他的雙重使命（「統治世界的政治使命」及「透過傳道使世界基督教化的宗教使命」）。

圖 3-3 聖索菲亞大教堂（現今的阿亞索菲亞清真寺，土耳其共和國伊斯坦堡）

模擬親族的秩序

《帝國統治論》針對帝國周邊諸地域，敘述居住於各地的諸民族歷史，及各地的地理環境。

此部分的主軸是對照「羅馬人」與「夷狄民」，並進一步加以細分，將拜占庭皇帝比作家父長，諸民族及各國君主則比作「兄弟」、「孩子」、「友人」。拜占庭皇帝寫信給外國統治者時，在收信方的稱號格式上整體來說雜亂無章，不過從中仍看得出對方與拜占庭皇帝的交情有無與深淺，並可據此分為四大類。

例如附於《典儀論》第二冊書末的「雜記」，便記錄了保加利亞的使節拜訪君士坦丁堡宮廷時謁見皇帝的場面。以下是

圖 3-4 聖索菲亞大教堂的鑲嵌畫
向聖母子獻納的查士丁尼（左）和君士坦丁（右）

使節和宮廷相互致意的情形：

「向高坐黃金寶座的至尊大皇帝陛下，以及令郎（共同）皇帝陛下和其他殿下請安。」

外交負責人聞言答道：

「吾等皇帝的靈子、神指派的保加利亞神聖統治者，近日可否安好？神指派的保加利亞神聖皇后，以及皇帝靈子的子女們是否無恙？」

這裡將皇帝比作「靈父」，保加利亞王則是「皇帝的靈子」，足見雙方關係之緊密。透過君士坦丁七世編纂的著作，我們可以看到以下拜占庭皇帝與諸民族統治者之間的擬制親族秩序：

(1)「孩子」、「兄弟」、「友人」並不只是隱喻，而是官方文件的正式稱號。皇帝內廷一貫如此使用，表達不悅時則故意遺漏。

(2)第三者也會使用這些稱呼。例如羅馬主教柏拉奇去信法蘭克王希爾德貝特一世（Childebert I，五一一—五五八年在位）時，便在信中稱拜占庭皇帝為「你們的父」。

(3)比照自然親屬關係，同樣適用於第三者。例如保加利亞使節將君士坦丁七世比作「父親」，又在宴會席間稱羅曼努斯一世利卡潘努斯（君士坦丁的岳父）為「祖父」。

(4)除了被指稱的統治者之法人格外，更擴及其統治的全體民族。保加利亞首領鮑里斯（Boris I Mikhail，八五二—八八九年在位）受洗後，沙皇擁有的「兒子」稱號亦擴大適用於全體保加利亞人。

(5)使用上與實際年齡無關。例如保加利亞沙皇西美昂（Symeon I，八六四年生）就比十一歲的君士坦丁七世（九〇五年生）大了四十歲以上。

具體來說，哪些地域的統治者是所謂的「孩子」、「兄弟」、「友人」呢？特萊汀格等人研究如下：

(1)「**羅馬人皇帝」（拜占庭皇帝）的「孩子」（或「兒子」）**

大亞美尼亞、阿拉尼亞、保加利亞之各基督教國家的統治者。

(2)「**羅馬人皇帝」的「兄弟」**

薩克森、巴伐利亞、義大利、德法之各基督教國家的王。

(3)「**羅馬人皇帝」的「友人」**

埃及的「埃米爾」印度的統治者。

(4) **無稱呼可顯示與「羅馬人皇帝」之交情**

亞美尼亞、伊比利亞、阿布斯基亞各地方的部分統治者。羅馬、威尼斯、薩丁尼亞、卡普阿、薩萊諾、拿坡里、阿瑪菲、加埃塔之地方君主。摩拉維亞、塞爾維亞、克羅埃西亞各地方的部分統治者。

另外還有匈牙利的統治者、俄羅斯的統治者、哈札爾人的可汗、佩切涅格人的可汗、非洲（凱魯萬）的「埃米爾」阿拉伯人哈里發、「幸福非洲」（葉門）的統治者。也就是非基督教統治者。

如此清楚可見，基督教世界的各地統治者依照與皇帝（帝國）的關係遠近，區分為「孩子」、「兄弟」、「友人」。此外，各地名代表的區域未必只有一名統治者。過去在查士丁尼一世時期，也就是六世紀中期以前，不太可能出現帝國威勢或地域有力者的權力所不能及之處，不過在九世紀，帝國對地方社會的掌控早已衰退。從《帝國統治論》的記述中顯見地方勢力的分裂，無稱呼統治者的存在，即反映了當時的這種政治狀況。

5 「帝國」是什麼

活躍於帝國內的諸民族

這裡稍微來談談「孩子」大亞美尼亞的版圖。現今的亞美尼亞共和國，是二十世紀初第一次世界大戰後於其所在位置成立的。而十世紀的大亞美尼亞除了現今的亞美尼亞外，還包括過去希臘語稱為奇里乞亞，今日地中海沿岸城市塔爾蘇斯（Tarsus）周邊的廣闊區域。＊一直到一九一七年以前，大亞美尼亞仍處於鄂圖曼帝國的統治下。第一次世界大戰末期受鄂圖曼帝國壓迫，當地居民遭到屠殺。受這起政治事件影響，亞美尼亞人翻越了標高四千公尺的山脈避難，在現今的亞美尼亞定居下來。

亞美尼亞人於三〇一年主動改宗基督教。三〇四年喬治亞人同樣接納了基督教信仰。換言之，他們在三九二年羅馬帝國將基督教定為國教，甚至在羅馬合法承認基督教存在的三一三年之前，就已經基督教化了。亞美尼亞人以大亞美尼亞為根據地，在基督教化的羅馬帝國成為羅馬皇帝底下的高官，活躍於行政、財政、軍事等方面，之後更有不少有能之士當上皇帝。

此外，位於君士坦丁堡（現今伊斯坦堡）的聖索菲亞大教堂等建築物，也是由亞美尼亞人技師設計並建造。聖索菲亞大教堂在尼卡之亂（五三二年一月）中毀損後於五三二年重建，僅短短五年便完工。大教堂重建的六世紀是地震頻傳的時代，查士丁尼一世在位期間（五二七—五六五年）也發生過好幾次大地震。不過儘管大教堂出現部分損傷，主體結構卻未因此崩毀，迄今仍保有威容。這座大教堂出自兩位亞美尼亞數學家兼建築師，特拉勒斯的安提莫斯（Anthemios of Tralles）與米

＊這裡指十世紀時受賽爾柱人入侵的亞美尼亞難民建立的國家，奇里乞亞亞美尼亞王國（Armenian Kingdom of Cilicia）。

利都的伊西多爾（Isidore of Miletus）之手。安提莫斯著有機械裝置的相關論文，伊西多爾更是研究阿基米德的專家。此一亞美尼亞人建築師傳統延續至鄂圖曼帝國時期，伊斯坦堡的蘇萊曼尼耶清真寺，以及建於舊都愛第尼的塞利米耶清真寺（一五七四年竣工），皆為米馬爾．希南（Mimar Sinan）的傑作。建於聖索菲亞大教堂旁的蘇丹艾哈邁德清真寺（通稱藍色清真寺，一六一六年竣工）則是希南的弟子，阿爾巴尼亞人賽德夫哈爾（Sedefkar Mehmet）的作品。中世紀的東羅馬帝國到鄂圖曼帝國時期，便是這樣一個富有流動性的社會，無論出身何方，有才能的年輕人皆可活躍於各個領域。

關於這方面，下面將介紹可做為參考的後代文學作品，從中可以看到拜占庭帝國的人們如何看待與周邊諸民族的關係。

《迪格尼斯．阿克里塔斯》描述的邊疆社會

西元七至十一世紀，拜占庭帝國在阿拉伯人及保加利亞人勢力環伺下，邊境屢次爆發攻防戰，尤其是與伊斯蘭勢力的戰線擴及東地中海到西西里島，形成長期的常態性對抗。本章試圖貼近七五〇年分析轉捩點，然而以拜占庭帝國視角觀察東地中海地域的史料不足，只好取用後代的十世紀史料。史料不足的最主要原因，便是肇因於當時的政治局勢。

對於面臨常態戰爭的人民及宮廷領導人而言，比起嚴謹的文書行政，當時的帝國更需要一個機動性強的指揮系統。因此留存至今的史料中雖有軍事書籍、指南等資料，一般行政文書卻幾乎不存在或者失傳。十世紀大量出現的教堂與修道院文件（包括約束日常生活的規範，以及皇帝頒發的特權狀）也是源自九世紀末，更早之前的幾乎沒有傳承下來。

這個時代經常發生對外戰爭，這點並非只是透過稀少的史料得到的推論。後人常以該時代為題材創作英雄敘事詩，從中亦可窺見七至十一世紀拜占庭社會的情況。

後世以該時代為題材寫成的英雄敘事詩文學作品中，著於十二世紀的《迪格尼斯．阿克里塔斯》（*Digenes Akritas*）最具代表性。

「迪格尼斯」（Digenis）意指「雙生」，「阿克里塔斯」（Akritas，複數形為 Akritai）則是守衛帝國國境的軍人。當時緊鄰帝國東方疆界（現今土耳其東部到敘利亞、黎巴嫩一帶）的伊斯蘭勢力為哈姆丹王朝，以及不受兩國掌控、四處活動的集團。阿克里塔斯駐守邊疆保衛居民，一旦開戰便出動擊退外敵。《迪格尼斯．阿克里塔斯》便是以當時的日常生活為背景。全書一共有兩部，以下為內容概述。

故事有兩位主角。每部由各篇組成，並互有關聯。第一位主角是阿拉伯人埃米爾（意指總督，地方首領）。他進攻卡帕多奇亞，擄走當地拜占庭人（希臘人）將軍之女為妻。為了妻子改宗基督教的埃米爾，帶著族黨遷居羅馬人的土地（當時稱羅馬尼亞）。埃米爾夫妻育有一子，即第二部的主角。

第二部是年輕主人公的英勇事蹟。他跟父親一樣娶了拜占庭將軍的女兒為妻，故事還穿插了強調其果敢勇猛的插曲，如屠殺惡龍、擊退大批夜賊、一次打敗三名賊寇頭子等等。儘管被勇猛過人的美女麥奇希姆所惑，犯下了通姦罪，卻沒有人能夠打敗他。迪格尼斯就這樣擊敗了所有敵人，最後在幼發拉底河畔興建奢華的宮殿，安穩度過餘生。故事的尾聲，皇帝（拜占庭皇帝）巴西利斯聽說了他的英勇事蹟，便親自登門造訪。這裡應是以十世紀後期的皇帝巴西爾二世做為人物樣本。

九至十世紀的拜占庭帝國，在美索不達米亞的邊境設有美索不達米亞軍區。這個軍區位於小亞細亞東部中央，境內大部分位在幼發拉底河上游繆拉河（Murat River）一帶，目前大多屬於土耳其共和國埃拉澤省。此處相當於現今我們通稱美索不達米亞的地區西北緣，也是尼基弗魯斯二世駐軍的安條克區域以北。根據英國歷史學家小湯恩比（Arnold J. Toynbee）的說法，這片國境地帶與哈姆丹王朝的領土相鄰，當時才剛被拜占庭帝國收復不久。

哈姆丹王朝為伊斯蘭國家，毗鄰拜占庭帝國的美索不達米亞軍區東南方，在九〇五年至一〇〇四年間統治著敘利亞北部到賈茲拉（現今伊拉克北部）一帶。哈姆丹王朝服膺阿拔斯王朝，並向巴格達的哈里發進貢，換取賈茲拉地區的統治權。哈姆丹王朝掌有巴格達附近的清真寺，故在阿拔斯王朝占有重要的政治地位。之後王朝後繼無人，並於一〇〇四年遭埃及的法蒂瑪王朝併吞。

《迪格尼斯．阿克里塔斯》以十世紀帝國東方邊疆為舞台，背景設定為拜占庭將軍與邊疆社會的關係。作品中提到與「兄弟」民族的共生，以及與阿拉伯伊斯蘭勢力的共存，應該都是事實。

由儀典維繫的多民族共生

帝國周邊諸民族以帝都君士坦丁堡為中心，在帝國的統治機構及文化生活層面大放異彩。多民族的共生不僅是基督教羅馬帝國的理想，也是日常的現實。

君士坦丁七世夢想由基督教皇帝統治「世界」。歷任皇帝持續不懈地努力，務求實現做為神之代理人構築世界和平的帝國理想。皇帝乃「蒙神恩寵的戰士」，同時也是託管世界安寧的「神僕」。皇帝在親筆編纂的《典儀論》中記錄了君士坦丁堡皇宮周邊舉行的儀典內容，並描述了嚴肅又華麗的場面。翻過書頁，帝都綠意盎然的璀璨情景躍於紙上。

做為基督教羅馬帝國，拜占庭每年皆有許多慶典儀式，是個重視儀典的帝國。根據十二世紀曼努埃爾一世（Manuel I Komnenos，一一四三—一一八〇年在位）在位時的記錄，一年當中假日共有六十六天，另有二十七天休半日。每天反覆上演的華麗場面，令異邦民族深深癡迷。例如初春最大慶典的復活節星期一，《典儀論》便有以下描述：

> 皇帝們就座後，藍隊便開始演奏風琴，群眾呼喊著「蒙神恩寵」。接著風琴聲停止，歌手們引吭高歌。

圖 3-5　耶穌親自加冕的君士坦丁七世

945 年左右製作的象牙板（Diptyque），藏於莫斯科普希金美術館

「聖神啊，神聖的強者與永生之人啊，請祢垂憐，隨皇帝一同統治人世！」

出席聖索菲亞大教堂的典禮後，皇帝照例移動到隔壁的皇宮，等待一連串的接見結束，便經由青銅門（宮殿出入口）再度回到聖索菲亞大教堂旁的奧古斯塔廣場參加宴會。這時，「藍」「綠」兩群民眾左右夾道祝福皇帝一行人。風琴手以銀製風琴演奏出莊嚴的樂曲，源自馬車競技助威隊的「藍」「綠」群眾也配合音樂交互歡呼。

「蒙神恩寵！」

皇帝豪華的隊伍無疑是帝國光輝的象徵。光彩洋溢的景象，在齊聚帝都的異邦民族眼裡看來想必十分耀眼。

仰望著聖索菲亞大教堂永恆的圓頂，造訪帝都的外來者似乎對周圍的儀式留下強烈的印象。看了皇帝壯觀的隊伍後，十世紀初的阿拉伯商人哈倫．伊本．耶海亞提筆寫下心中的感動：

一萬名身穿紅色錦衣，髮長及肩的長老走在前頭。後面跟著一萬名白色錦衣的年輕人。接著是一萬名綠色錦衣的侍童、一萬名淡藍色錦衣的隨從，以及五千名宦官、一萬名突厥人與哈札爾人侍童。……最後皇帝身穿綴有寶石的昂貴絹裳走了過來。

看了上面的描述，足以想像在目睹華麗的隊伍後，這些異邦旅行者內心有多麼感動。令外來者印象鮮明的儀典，透過視覺反映出「世界」秩序。隨著響亮的風琴樂聲，這幅景象深深地刻劃在異族觀眾心中，造成巨大的影響。

實踐「救贖天命」*的基督教皇帝

從更加客觀的角度環顧十世紀的基督教世界，我們可以通稱拜占庭帝國是一個「基督教羅馬帝國」。信奉基督教的各王國、公國奉這位基督教羅馬皇帝為父，以「孩子」、「兄弟」、「友人」分布四周，而周邊地區的王公諸侯亦尊君士坦丁堡的羅馬皇帝為盟主。若是沒有跟環伺地中海世界的阿拉伯伊斯蘭國家有所對峙，很難想像會有如此政治結構。

拜占庭始終稱自己為「羅馬帝國」，包括拉丁語「Imperium Romanorum」及希臘語「η αρχη ρωμαίων」，皆為「羅馬人的統治權／帝國」之意。維繫著「帝國」原理的政治理念建立在獨特的世界觀上，這點從君士坦丁七世編纂的《典儀論》可見一斑：

為了讓地上的人類進入天國，創造萬物的主犧牲自己，以神之尊現為人姿。喔喔，皇帝們！願這位賜予我們生命的尊者平定所有夷狄民，讓您的觸角得以遍及全世界。讓這些夷狄民如同過去的東方博士，帶著供品來到您的帝國謁見。

（基督降生節的歡呼）

啊啊！皇帝們！和平降臨神的帝國。得神的應許，帝國在信仰中揚升充滿慈悲的至高之處。神的天使軍團啊！應心存歡喜！羅馬人軍團啊！應心存歡喜！所有基督徒啊！應心存歡喜！感謝天主！

（復活節星期一的歡呼）

啊啊！天父的話語有如雨水般落在羊毛上，多麼神奇！看！道成肉身的尊者揚升天庭。他遵從天父的旨意，聚集所有異邦民族，為我等實踐救贖天命，故得坐於天父之右。喔喔！善人皇帝！為了羅馬人的幸福，尊者將親自庇佑您。

（敬升天節）

＊Oikonomia，治理之意。在古希臘指家父長的家庭或家族經濟管理，後在拉丁神學開創者特士良（Tertullian）的使用下成為基督教用語，指天主管理世界所行之事。作者將之翻譯成「救済の摂理」，以此概念稱羅馬皇帝為「救濟者」，指基督教皇帝代理天主，於地上實行統治。此處沿用該意義翻譯，特此說明。

在升天節儀式（復活節起第六次週日後的週四舉行）上吟誦的章句，描述了接納異邦民族的帝國，以及「主」身為統領者的樣貌，同時彰顯了皇帝蒙主恩寵救贖「世界」的形象。

包容夷狄民的世界，蒙神恩寵的皇帝。比起古希臘城邦的民主政治（建立在家父長合議上的封閉共同體），這樣的意象更容易讓人聯想到保羅所謂「基督的身體」的開放性。

在具有獨特政治身體的帝國之中，君士坦丁堡是最主要的象徵，深深吸引了各族懷抱凌雲之志的年輕人。六世紀的皇帝查士丁尼也是其中之一。這位十幾歲的年輕人前往帝都投靠舅舅，後來成了神選的皇帝。出身達爾達尼亞（馬其頓的一個地方）農村的他，終生都用拉丁語思考，並以希臘語統治這個「世界帝國」。君士坦丁七世的祖父巴西爾一世亦是如此。

據君士坦丁七世所言，「救贖天命」乃主（救世主）所行之事，然而應按預定和諧實現的「世界」救贖，僅僅只是理想中的世界。正因圍繞在皇宮與聖索菲亞大教堂舉行的儀典具有將相關世界理念深植觀眾心中的效果，壯觀的場面才會在一年之中反覆上演，令異邦民族心生讚嘆。

身為善人皇帝的「基督教皇帝」亦須扮演不同角色。皇帝必須努力確保基督徒的和平與安寧，而在追求和平的同時，也要時時營造出善戰的武人形象，同時是身為戰士的皇帝。不斷履行世界和平的承諾，乃「基督教羅馬皇帝」之應然。

†忠於神基督，生於紫室的羅馬人皇帝

到了十世紀，皇帝在詔令文書中的自稱已然定型，蒙神恩寵君臨人居世界的基督教皇帝，在公文上皆親自如此署名。此定句所蘊含的帝國威儀，對中世紀基督教世界來說格外具有份量。正因如此，鄂圖一世於九六二年二月即位為羅馬皇帝後，為了義大利半島的和平，以及伊比利半島基督徒社群的安寧，也開始在九世紀以來長期缺席的西方歐洲世界中頻繁活動。

成就人居世界的和平與安寧的皇帝，將受帝國臣民與異邦民族齊聲讚頌。

七五〇年東地中海世界的結構產生變化後，原本為基督教世界主幹的拜占庭帝國，業已失去對西歐的影響力，實質統治範圍僅限於東地中海一帶，然而理念上的「世界帝國」意識仍如實反映在十世紀。

根據君士坦丁七世所著的《帝國統治論》，拜占庭宮廷清楚認知到帝國八至九世紀間在政治體制上發生的轉變，而「統治全世界的羅馬帝國」觀念依然存續。書中還談到對七世紀以來已在阿拉伯勢力下的賽普勒斯島等地域的支配權。這種支配意識是觀念上的遺物，一如我們所知，在現實的政治與社會情勢中，帝國領土不斷縮小已成既定事實。然而在全面探討當時的基督教世界時，不正應該再次檢視拜占廷羅馬皇帝的「世界統治者／救贖者」意識？畢竟從西歐世界的皇帝，如查理曼、鄂圖一世等人的政治行動中，隱約可以看出他們受東羅馬帝國的影響，而身為世界救贖者的自我意識，正是促使他們行動的原動力。

與東地中海世界伊斯蘭勢力的共存和對立關係，深深烙印在基督教世界暨統治救贖世界的「皇帝」的意識之中。以七五〇年做為分水嶺的時代轉換，奠定了當今歐洲地中海世界的政治版圖，令人不禁感嘆。

第四章　長安七五一年——歐亞的轉變

妹尾達彥

1　八世紀的中國大陸——從武則天到唐玄宗

「長安十二時辰」

——主角是長安。

二〇一九年，打著這句宣傳口號的連續劇《長安十二時辰》於中國播映。這則懸疑故事的背景設定在唐朝玄宗年間的長安。登場人物來自各種出身階層，為長安增添了多元色彩，舞台則橫跨西市小巷與宮殿宴席。細緻得猶如在八世紀長安城街頭實地拍攝的影像，以及充滿躍動感的壯闊場面，令許多觀眾如癡如醉。

故事時空是唐玄宗天寶三年（七四四年，劇中與原作皆標為「天保」以示虛構）長安的上元節當天。上元節是一年中最初的滿月之日，夜裡會舉行點燈活動，唐代在上元節這天特別准許夜間外出，華美的燈籠徹夜點綴著街道。

利用人人皆可自由往來賞燈的上元節，對王朝積怨已久的反政府集團抓住玄宗，計畫炸毀長安。只有一天的時間可以阻止他們，即正月十四日上午十點（巳正）到隔天十五日上午十點，整整二十四小時（十二時辰）。熟知長安內裡的一名死囚帶著特命出獄，挺身面對王朝與長安的危機──。

本劇改編自以科幻作品聞名的作家馬伯庸（一九八〇年～）小說《長安十二時辰》（二〇一七年）。播出期間，活躍於第一線的中國研究者們應觀眾要求，在微信（WeChat）上從各種角度爭相解析《長安十二時辰》的歷史背景，這使得人們益發沉迷該劇，並對盛唐長安心生嚮往。

唐朝原本就是最受現代中國人喜愛的王朝之一，因為它是歷史上統治空間極為遼闊，首度涵蓋蒙古高原游牧地區及越南北部農業地區的朝代。唐朝廣大的統治區域與經濟圈的形成促進了人畜與物品的交流，使多元化的國際交流成為可能，並推動經濟及社會層面的分工，豐富了人們的生活。

同時，唐朝制度是應多民族國家運作需求而生，基本上具備了適用於任何地方的普遍性，因此唐朝制度不僅奠定東亞各國在國家形成上的制度基礎，更傳承到後代，成為現代中國制度的直接源流。更重要的是，唐朝文化帶有「國際主義」（Cosmopolitanism）與「普遍性」（Universality）的特色。

長達四十八集的連續劇《長安十二時辰》，重現了現今許多中國人對唐朝與長安的向望。

八世紀為現代的出發點

本劇舞台玄宗天寶年間（七四二—七五六年），一般認為是中國近世的開端。例如以唐代社會文化研究聞名的史家那波利貞，便認為在政治制度及整體思想文化，尤其是繪畫及書法等方面，自天寶四年（七四五年）起集權政治和世俗文化便開始並行發展，為現代社會揭開了序幕（請見妹尾達彥，〈唐代開元末年進入天寶初期的時世轉換期之考證〉）。

此觀點來自於內藤湖南以唐宋交替之際做為中國史分水嶺的時代區分論。事實上，隨著七五一年怛羅斯戰役與七五五年爆發的安史之亂，八世紀中期歐亞大陸東部的情勢也為之一變。唐朝囊括游牧與農業地區的農牧複合國家體制開始崩壞，自四、五世紀以來的世界趨勢在此面臨了重大的轉換期。

七五一年，在流經現今吉爾吉斯共和國西北部的怛羅斯河畔草原上，唐朝軍隊被剛成立不久的阿拔斯王朝軍隊擊敗。經過這次敗戰，中國的王朝永遠失去了帕米爾高原以西的間接統治領域，玄宗的「開元之治」自此邁向終結。

在這個開啟動盪時代的七五一年，與怛羅斯河相距甚遠的都城居民過著什麼樣的生活，又抱持著什麼樣的想法呢？

幸好，關於這時期的長安仍留有豐富的史料，可進行詳細的分析。長安是凝聚歐亞大陸歷史的舞台之一，因此我們會將分析焦點置於長安的城市空間。與影視採取的虛構角度不同，我們從視覺上還原盛唐長安色彩豐富的景觀，透過長安的街角來觀察八世紀中期對於歐亞大陸在時間與空間上的意義。以下先從長安誕生的東亞都城時代說起。

東亞都城時代的誕生——七至八世紀的國際關係

六世紀末，隋朝（五八一—六一八年）重新統一了長期分裂的中國，唐朝（六一八—六九〇年，七〇五—九〇七年）則緊接在短命的隋朝之後。唐朝的誕生是歐亞大陸東部政治變動的結果，做為歷代首度囊括游牧與農業地區的王朝，無論對內或對外，皆對政治、軍事及經濟造成了強烈影響。為了與終結分裂的唐朝抗衡，過往周邊形同散沙的地域勢力一舉聯合起來，於現今的東北亞、朝鮮半島、日本列島、西藏、中國大陸西南部及東南亞半島區域相繼成立了多個國家，並建設都城。八到九世紀時，承襲至今的東亞國際關係基礎已然成形。

二一〇—二一一頁圖為七至八世紀東亞各國代表性都城的平面圖。都城圖皆以相同比例尺描繪，方便比較各都城的規模與構造。

五八三年，隋朝將宮殿從使用已久的漢代長安城遷至東南方新建的大興城，是為都城時代的開端。六〇五年隋煬帝建設洛陽，七世紀前期吐蕃（七世紀初—八四二年）建設拉薩（羅些），倭國則分別於六六七年和六九四年建設近江京和藤原（新益）京。倭國經周朝武則天批准改國號為日本（七〇二年）後，日本又陸續建設都城，包含七一〇年平城京、七四〇年恭仁京、七四四年難波京（即所謂「後期難波京」）、七八四年長岡京，以及七九四年平安京。

於中國大陸西南部建國的南詔（七三八—九三七年），分別在七三八年和七七九年建設太和與陽苴咩（大理）；蒙古高原的回紇（又稱回鶻，七四四—八四〇年）於八世紀中期建設「宮殿城市」窩魯朵八里（Ordu-Baliq，即回鶻牙帳）；東北亞的渤海（六九八—九二六年）於七世紀末建設舊國，八世紀更接連建設整頓上京、中京、東京、南京、西京等五京；六〇〇年朝鮮半島的百濟（四世紀中葉—六六〇年）於扶余東南方建設棋盤狀宮城的新王都；六七六年統一半島的新羅（三五六—九三五年）則參考唐朝長安，將金城（王京）城內改造成長安風格。東亞的都城時代就此誕生。

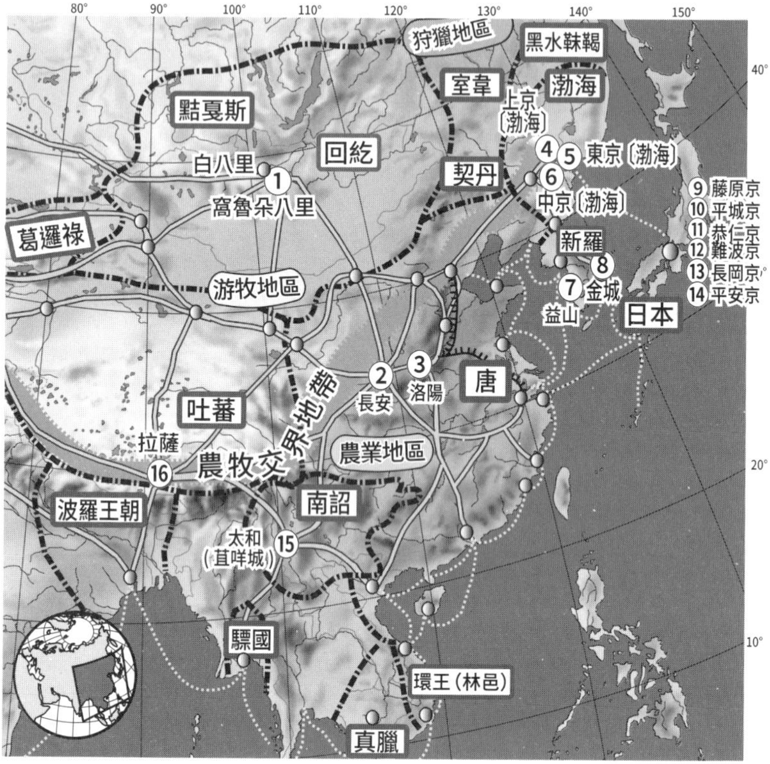

8世紀後半的交通幹線——長安都市網

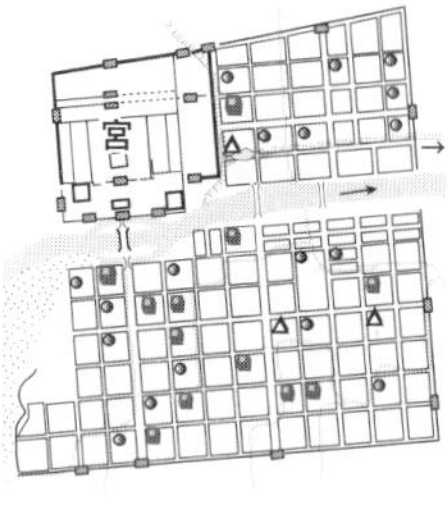

③唐・洛陽　619～907年
（周・神都　690～705年）

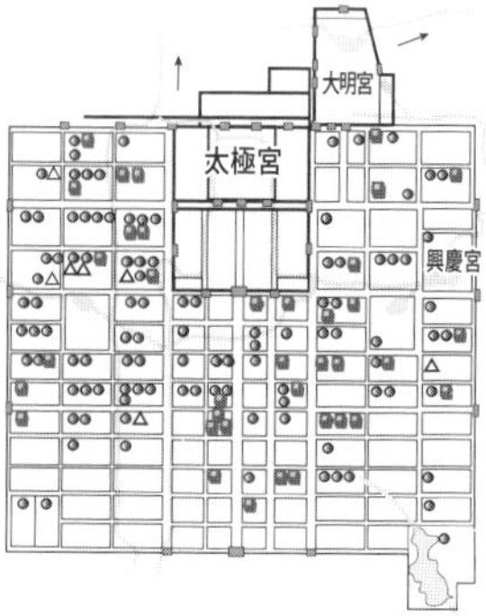

②唐・長安　618～904年
（周・長安　690～705年）

①回紇・窩魯朵八里
8世紀中～9世紀前半

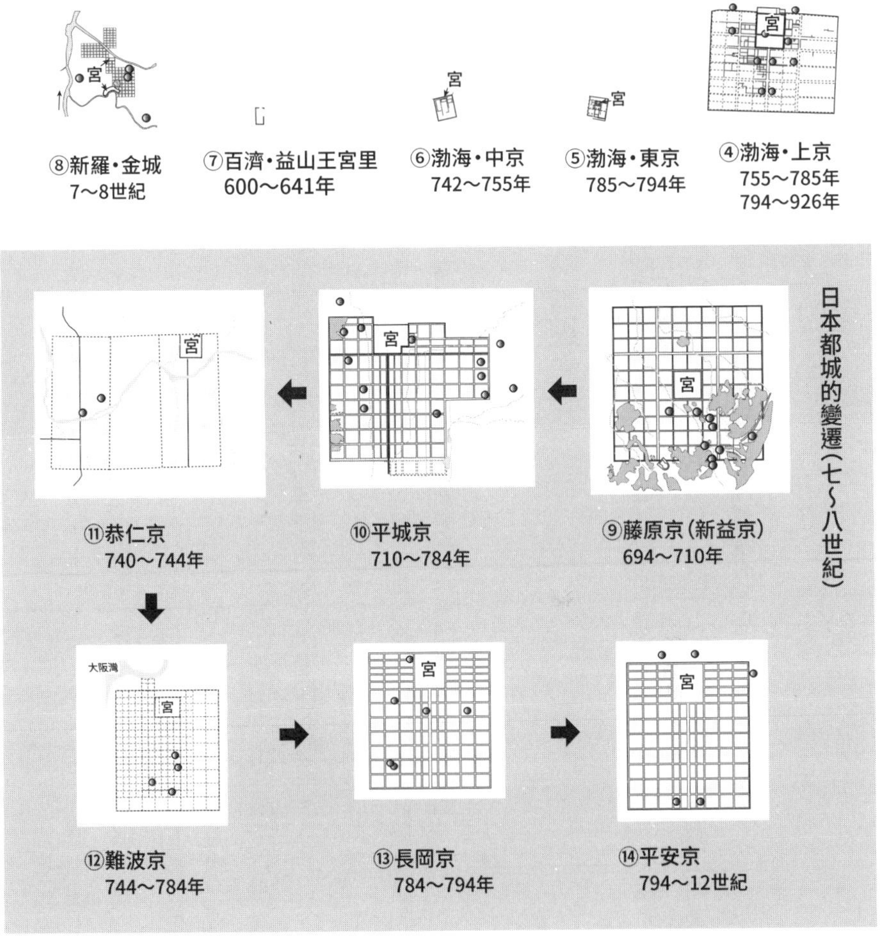

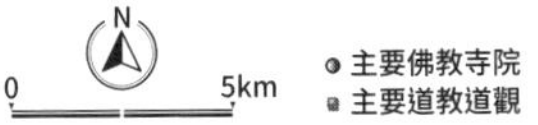

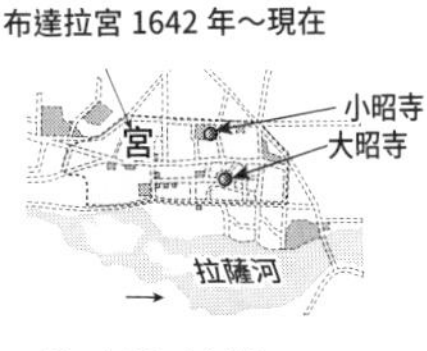

⑯吐蕃·拉薩
7世紀前半～842年
※本圖為19世紀的拉薩，
吐蕃時期的都市構造不明

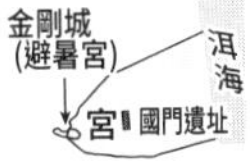

⑮南詔·太和
738～779年

出處：妹尾達彥《全球史》(八王子：中央大學出版部，2018)頁114，圖48之改圖對於日本列島的國家與都城建設來說，七〇二（長安二）年的遣周使，以及七一七（開元五）年、七三三（開元二十一）年、七五二（天寶十一）年的遣唐使至關重要。七〇二年，周朝武則天於晚年造訪長安之際，應倭國朝貢使請求承認日本國號，是外交上值得紀念的一年。當時粟田真人一行在長安大明宮參加武則天的招待宴，獲得種種破格優待。因為有這次成功的外交成績，日後才得以在玄宗時期三度派遣遣唐使。日本古代國家的政策與文化基調從自古以來的江南南朝與百濟型式轉為華北長安洛陽型式，七〇二年的遣周使起了決定性的作用。

在中國的武周到唐玄宗期間，日本古代國家完成了國家制度的基礎。七一〇年平城京以後的都城建設、國家體制的整頓和文化創造，可說是部分反映了中國從武周到唐朝第二時期（七〇五年以後）間逐漸精煉的王權思想，以及漸趨繁榮的長安與洛陽城市文化。

歐亞大陸東部的交通網

七至八世紀東亞國家都城接連形成後，以都城為中心的行政城市網被加以整頓，形成連結各國都城的交通網。都城的整建必然帶動行政城市網的構築和整治，以滿足朝貢與外交的需求。進貢都城的系統整頓完備後，各國便開始發展以都城為主要舞台的外交關係。

二一四—二一五頁圖是以玄宗時期長安為中心的交通網為主軸，描繪出同時期東亞各國的交通幹線。本圖主要呈現唐朝三京（長安、洛陽、太原）及八世紀連結東亞都城的交通幹線（安史之亂時為五京）。如圖所示，現今東亞城市網的原型誕生於八世紀，長安則是八世紀東亞的交通要衝。

到了九世紀以後，東亞的交通幹線逐漸從陸路轉為內陸水運及海路。因應此一變動，游牧民族將政治據點自中國西北部遷往東北部，穀倉地帶也從中國北部移向中南部，導致十三世紀中國城市網重心從內陸的長安變為沿海的北京。

中國都城與城市網從內陸朝沿海轉移，這樣的變化連帶影響了朝鮮半島及日本列島都城與城市網的變遷。日本列島的政權據點從內陸的平安京移至沿海的鎌倉與江戶，朝鮮半島同樣也從內陸的新羅王京遷都到面向渤海灣的高麗開京及朝鮮漢城（首爾）。

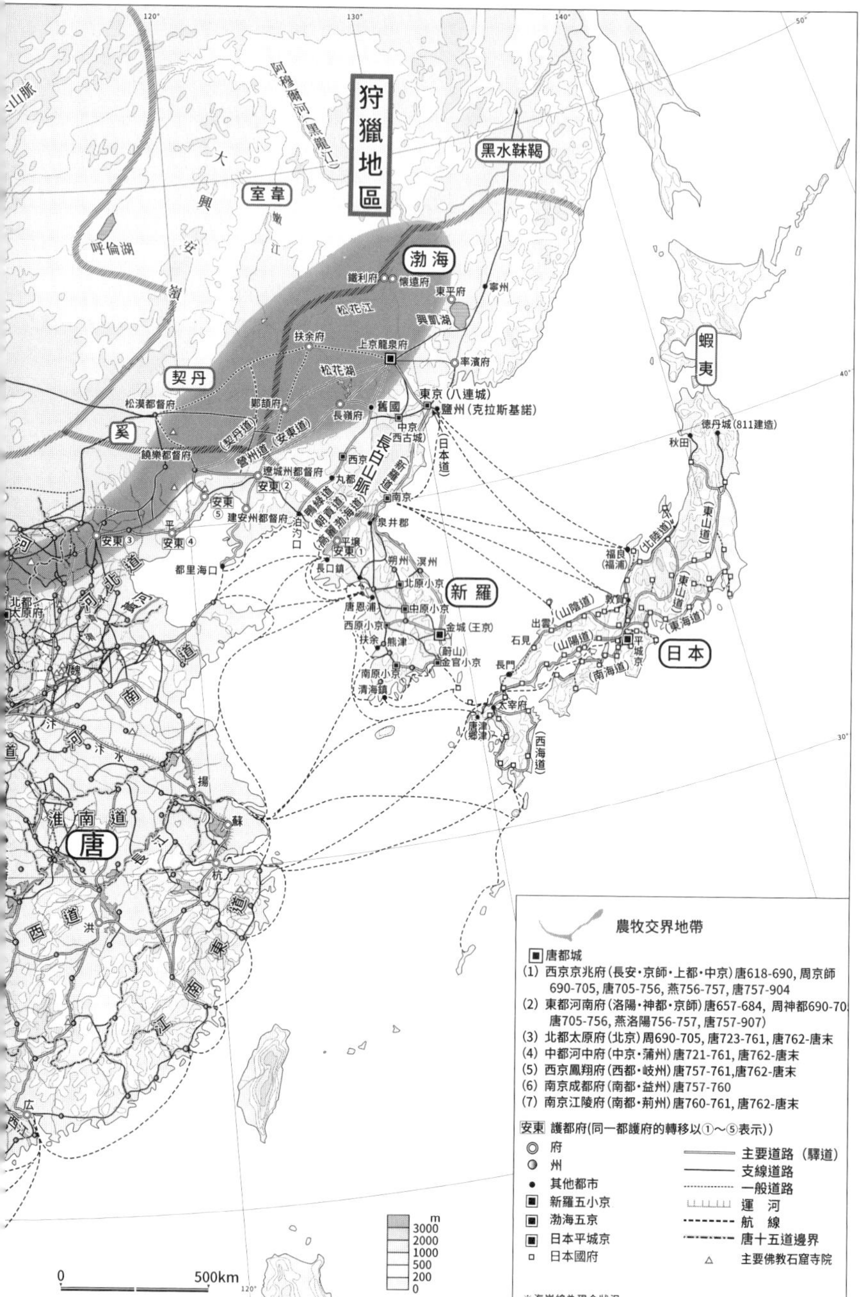
狩獵地區
黑水靺鞨
室韋
渤海
契丹
奚
新羅
日本
蝦夷
唐
阿穆爾河(黑龍江)
大興安嶺
呼倫湖
嫩江
松花江
興凱湖
松花湖
長白山脈
鐵利府
懷遠府
東平府
寧州
扶余府
上京龍泉府
率濱府
東京(八連城)
鹽州(克拉斯基諾)
松漠都督府
鄚頡府
舊國
長嶺府
中京
西古城
(日本道)
饒樂都督府
西京
丸都
遼城州都督府
(契丹道)
營州道.(安東道)
(鴨綠道)
(朝貢道)
(高麗渤海道)
(新羅道)
南京
安東②
安東⑤
建安州都督府
泊汋口
泉井郡
平壤
安東①
安東③
平
安東④
都里海口
長口鎮
朔州
溟州
北原小京
唐恩浦
中原小京
西原小京
金城(王京)
扶余
熊津
(蔚山)
金官小京
南原小京
清海鎮
德丹城(811建造)
秋田
(東山道)
(北陸道)
福良
(福浦)
敦賀
(山陰道)
出雲
石見
(山陽道)
(東山道)
(東海道)
平城京
長門
(南海道)
太宰府
唐津
(鄉津)
(西海道)
北都
太原府
河北道
黃河
魏
河南道
汴河
汴水
揚
淮南道
蘇
長江
杭
洪
江南西道
江南東道
広
500km
0
120°
130°
140°
50°
40°
30°
m
3000
2000
1000
500
200
0
農牧交界地帶
唐都城
(1) 西京京兆府(長安·京師·上都·中京)唐618-690, 周京師690-705, 唐705-756, 燕756-757, 唐757-904
(2) 東都河南府(洛陽·神都·京師)唐657-684, 周神都690-705, 唐705-756, 燕洛陽756-757, 唐757-907)
(3) 北都太原府(北京)周690-705, 唐723-761, 唐762-唐末
(4) 中都河中府(中京·蒲州)唐721-761, 唐762-唐末
(5) 西京鳳翔府(西都·岐州)唐757-761,唐762-唐末
(6) 南京成都府(南都·益州)唐757-760
(7) 南京江陵府(南都·荊州)唐760-761, 唐762-唐末
安東 護都府(同一都護府的轉移以①〜⑤表示))
府
州
其他都市
新羅五小京
渤海五京
日本平城京
日本國府
主要道路(驛道)
支線道路
一般道路
運河
航線
唐十五道邊界
主要佛教石窟寺院
※海岸線為現今狀況

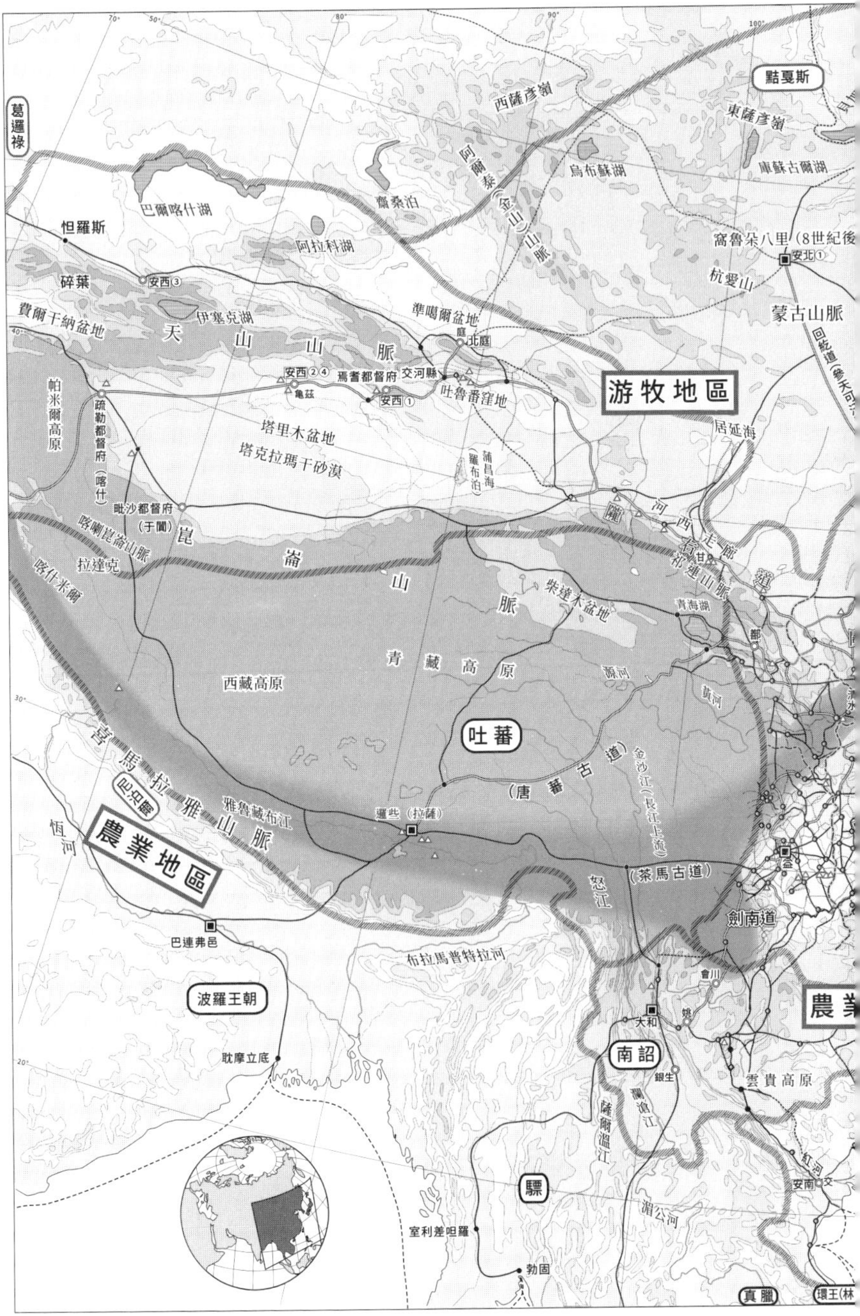

7-8 世紀的東亞幹線交通網

出處：妹尾達彥《全球史》（八王子：中央大學出版部，2018），頁 96-97，圖 42 之改圖

農牧複合國家的形成

唐朝興起的歷史背景，是四至七世紀環繞歐亞大陸的游牧民族大規模遷徙至農耕地區，進而在各地成立統治廣大游牧與農業地區的「農牧複合國家」（agropastoral states）。

這裡所謂的農牧複合國家，是指以軍事力見長的少數游牧民族統治者，管理占多數人口的農耕民族，並於農牧交界地帶設立政治軍事據點，系統性統治游牧與農業兩區域的國家。歐亞大陸東部的農牧複合國家於北魏（三八六—五三四年）期間形成雛型，歷經隋朝，到了唐代正式確立國家體制。唐朝滅亡後，農牧複合國家的形式由遼、金、元、清等游牧國家所繼承。

唐朝的統治階層為北魏以來的鮮卑系游牧民族。自六三〇年起約半世紀的時間，唐朝成為中國史上疆域首度包含以蒙古高原為主的游牧地區，以及中國江南農業地區的農牧複合國家。農業地區為集權式州縣，游牧地區則設立分權式的羈縻州，此種兩者並行的雙軌統治體制，是唐朝這個農牧複合國家的主要特色。

唐代的文化制度為同時代周邊國家及後代國家帶來深遠的影響，最大的原因是唐朝囊括了游牧與農業兩種不同生產方式的廣大空間，重新一統分裂近三百年的中國南北政權，所以勢必得建構出一個前所未見，跨越歷史、種族、語言與文化藩籬的普遍性制度。

唐朝統治空間的變遷（7-9 世紀）

出處：妹尾達彥〈中華的分裂與再生〉《岩波講座世界歷史 9 中華的分裂與再生》（岩波書店，1999），頁 58，圖 17 之改圖。
底圖來源為譚其驤主編《中國歷史地圖集第 5 冊》（香港：三聯書店，1992），頁 32-33、36-37，以及譚其驤主編《中國歷史地圖集第 6 冊》（香港：三聯書店，1992），頁 3-4。同時參考森安孝夫《絲路與唐帝國》（講談社學術文庫，講談社），頁 174-175。

唐朝最大版圖——七世紀

二一七頁圖為七世紀後期，唐朝統治疆域極盛時期的狀態。六三〇年唐滅東突厥，於蒙古高原設置羈縻府州，接著又遠征吐谷渾及吐蕃。六四〇年滅高昌國後於其都城置西州，將河西走廊至天山山脈東麓一帶納入以長安為中心的州縣制下。六五七年破西突厥，擒西突厥可汗阿史納賀魯（？—六五九年），將羈縻府州擴展至西突厥故地。六六〇年及六六八年更相繼滅百濟與高句麗，唐朝成為東亞名符其實的最強大國家。

為了有效管理涵蓋農牧兩地區的廣大空間，唐計畫以長安為中心整頓交通網，並同時採用直轄統治的州縣制與間接統治的羈縻制度。雖然該雙軌體制隨著六八二年東突厥（突厥第二可汗國）復興而有所動搖，但在安史之亂後過渡至委由地方軍閥間接統治的藩鎮體制前，它仍是唐朝地方行政組織的骨幹。

唐太宗被游牧地區鐵勒部的君主尊稱為「天可汗」，在中國大陸農業地區則被稱為皇帝，搭配州縣制與羈縻府州妥善治理農牧複合國家。針對農業地區與河西走廊至西州（高昌國）一帶的綠洲城市，唐比照內地行州縣制，從中央派遣官員直接統治。另一方面，農牧交界地帶及游牧地區則設置羈縻州與都督府，委由當地有力者世襲治理，實行間接統治。如二一四—二一五頁及二一七頁圖所示，做為羈縻州和都督府的上級機關，設有六都護府（安東、安西、安南、安北、單于、北庭），由中央指派官員及軍隊。

因應前期農牧複合國家的國家形態，唐以州縣制實施直接統治，並設置「羈縻州—都督府—都護府」以行間接統治，採取複合式統治制度。廣設都督府的農牧交界地帶與黃河中下游流域的穀倉地帶，是唐朝維繫政權的兩大支柱。農業地區穩定的稅收，和農牧交界地帶牧場培育出來的駿馬及強悍騎兵，對於政權的維持與穩定是不可或缺的要素。

截至玄宗為止的政治史

從唐建國（六一八年）到玄宗（七一二—七五六年在位）晚期的安史之亂（七五五—七六三年）期間，若以統治集團的變遷做為主軸，中國政治史的走向可分成三個階段如下：⑴唐初（唐朝第一時期）：高祖、太宗、高宗、中宗、睿宗，⑵周：武則天，⑶唐中興（唐朝第二時期）：中宗、睿宗、玄宗。

⑴唐初（唐朝第一時期）在內政方面繼承了隋大興城（長安），整頓各項制度，對外方面則於太宗至玄宗年間擊潰東西突厥、百濟及高句麗，坐擁廣大的版圖。

⑵武則天的周朝則自長安遷都至神都洛陽，並活用洛陽的文化資本，試圖打造出以佛教為本的神聖國家。

⑶唐中興（唐朝第二時期）否定武則天周朝的存在，將政治中心遷回長安，並以恢復唐初的政治制度為目標，策劃新的政治行動。為了振興遭武則天中斷的唐朝，玄宗把重心擺在長安，成功奠定了唐朝第二時期的基礎。

如二二一頁表所示，因應國內外政局變化，隋唐時期的長安與洛陽在政治、經濟及軍事上的比重不斷轉換。長安的集權程度在玄宗以後逐漸增加，到了唐朝後期，政治權力與軍事文化更進一步往長安集中。除了軍權（募兵制及禁軍體制的強化）之外，政治（增設皇帝直屬使職）、經濟（交通改革、稅制改革、設置間接稅）、文化（科舉的普及）等各方面皆傾重長安。自玄宗統治後期開始，皇帝便不再需要離開長安巡幸洛陽，安史之亂後洛陽更成為長安卸任中央官員退休養老的所在。

武則天戲劇性的政治手法

為了掌握權力，武則天想出了新招，也就是藉由重組政治空間，使既有權力停擺，進而打造由自己領銜主演的劇本和舞台，並動員眾多觀眾以達成權力滲透的目的。而玄宗也深受這個政治手法影響。

為了正統化自己的政治意圖，除了儒教、佛教、道教外，連傳自中亞的世界性宗教摩尼教、預言學的符圖讖緯思想（符讖），甚至是民間信仰傳說，武則天全都拿來利用。武則天不斷舉辦連繫

王朝＼兩京	長安中心期的皇帝(在位)／宗教政策的特色	洛陽中心期的皇帝(在位)／宗教政策的特色
隋 (581-618)	隋文帝(583-604)／ 復興佛教	
		隋煬帝(605-617)／振興江南佛教
唐第一時期 (618-690)	唐高祖(618-626)、太宗(626-649)、高宗(649-683)／道教國教化(尊道貶佛) ※655年武則天成為皇后，660年武則天開始執政。	高宗末期(655年武則天成為皇后)
		中宗(683)、睿宗(684-690) ※684年武則天改稱洛陽為神都(神都時期684-705)／ 恢復佛教
周 (690-705)		武則天(690-705)／ 佛教國教化(尊佛貶道)與佛教鼎盛期 **※集權神都洛陽**
唐第二時期 (705-907)	中宗(705-710)、睿宗(710-712)、玄宗(712-756)／振興道教(尊道貶佛) **※玄宗集權長安**	

兩京（長安、洛陽）比重的變遷

出處：妹尾達彥〈東亞的複都制〉，妹尾達彥編《歐亞非大陸的都市與社會》（中央大學出版部，2020），頁172，圖8

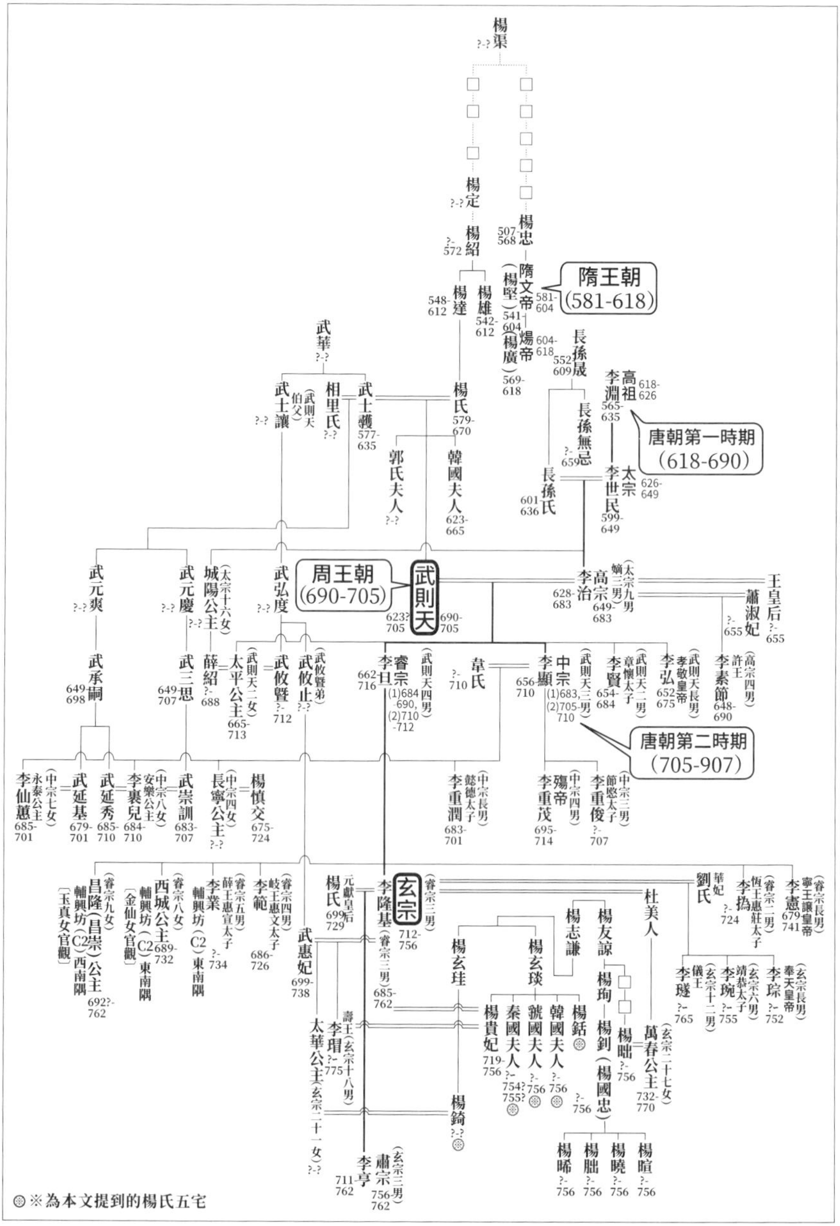

隋唐周王室系譜——從武則天到唐玄宗

都城與地方城市的活動，試圖將以都城為中心的劇場網擴展至全國及國外。設立於全國各州的大雲寺即是其中一環。玄宗於各州設置開元寺與開元觀，便是模仿武則天的手法。

武則天母親雖出身望族，父親卻是木材商人出身，無法躋身統治者集團，是故不得不博取統治階層以外的官員、僧侶道士等宗教人士、知識分子、外國使節及工商農民的支持，藉此主張其統治的正統性。為此，武則天需要不同出身、階層、身分、職業者皆能參與，並可親眼見證其權力與權威的展演。透過世俗化來贏得大眾的支持，簡而言之，武則天追求的是政治的近代化。在她之後，政治便再也無法回到從前。

轉輪聖王的都城

就政治技術面來說，武則天之所以能夠建立周朝，最大的要因是將都城機能重心從舊勢力深深紮根的軍事城市長安轉往經濟城市洛陽。隨著都城比重轉移，武則天屏棄過往的身分制，大量任用有能力的新人才，並在一定程度上成功攏絡或排除以長安為據點的舊勢力。

武周革命得以實現的思想要因，則是運用了七世紀滲透東亞的佛教王權論。將武則天奉為拯救眾生的彌勒菩薩轉世的彌勒下生信仰，與認為推廣佛法的世俗君主才是理想執政者的「轉輪聖王」（Chakravartin）思想，成為女性登基的依據。正因為利用了這種佛教王權論，超越儒教王權理

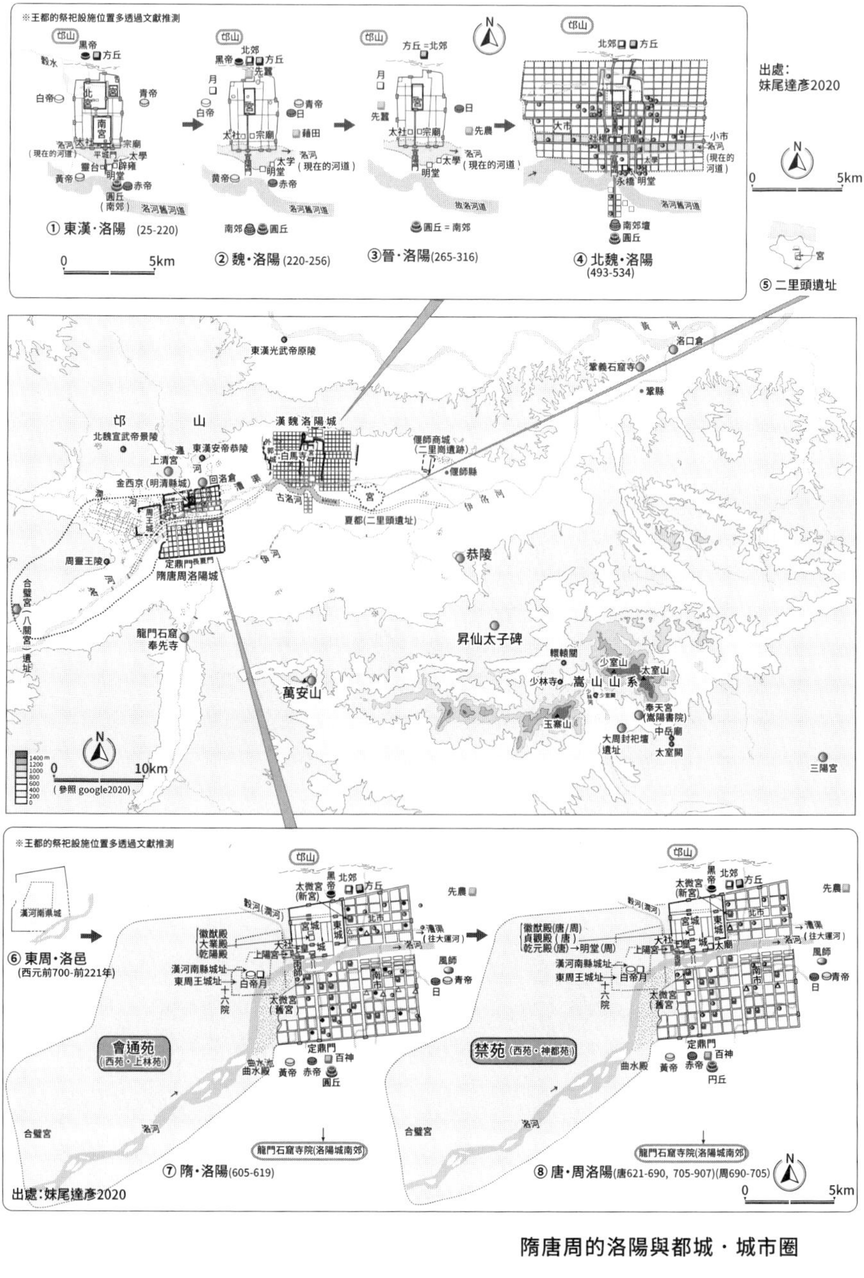

隋唐周的洛陽與都城・城市圈

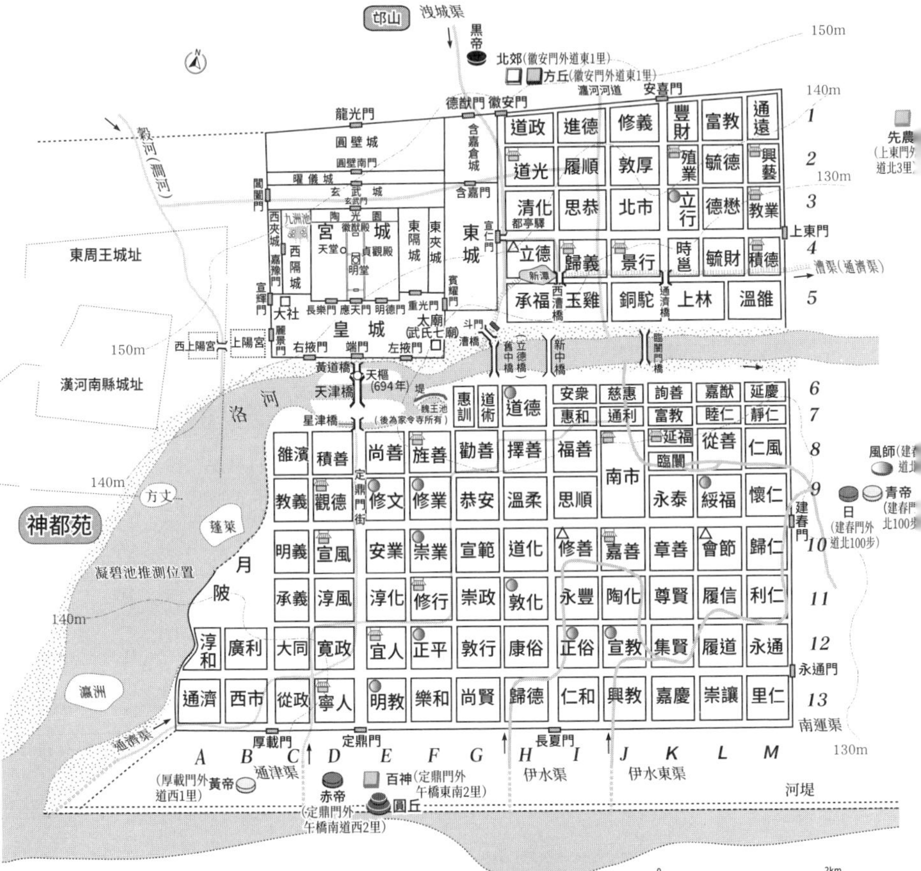

佛教寺院（包含神都時期以外的寺院）
觀德 (D9) 景福寺・宣風 (D10) 安國寺・寧人 (D13) 龍興寺・宜人 (E12) 菏澤寺・施善 (F8) 崇化寺・修行 (F11) 奉國寺・道光 (H2) 昭成寺・歸義 (I4) 太平寺・景行 (J4) 華嚴寺・樂成 (J8) 長壽寺・嘉善 (J10) 菏澤寺教坊・殖業 (K2) 衛國寺・立行 (K3) 衛國寺・延福 (K8) 福先寺・敏材 (L4) 大雲寺・履道 (L12) 長壽寺果園・興藝 (M2) 麟趾尼寺・教業 (M3) 天女尼寺・積德 (M4) 太原寺

道觀（包含神都時期以外的道觀）
積善 (D8) 太微宮（玄元皇帝廟，742 年建造，905 年移至清化 (H3)）・修文 (E9) 弘道觀・明教 (E13) 龍興觀・修業 (F9) 景雲女道士觀・崇業 (F10) 福唐觀・正平 (F12) 安國女道士觀・清化 (H3) 弘道觀・道德 (H6) 武成王廟、景龍女道士觀・敦化 (H11) 麟跡女道士觀・正俗 (I12) 玄元觀・宣教 (J12) 全真觀・立行 (K3) 大聖真觀・綏福 (L9) 道沖女道士觀

出處：妹尾達彥 2020

武則天時代的洛陽（690-705）

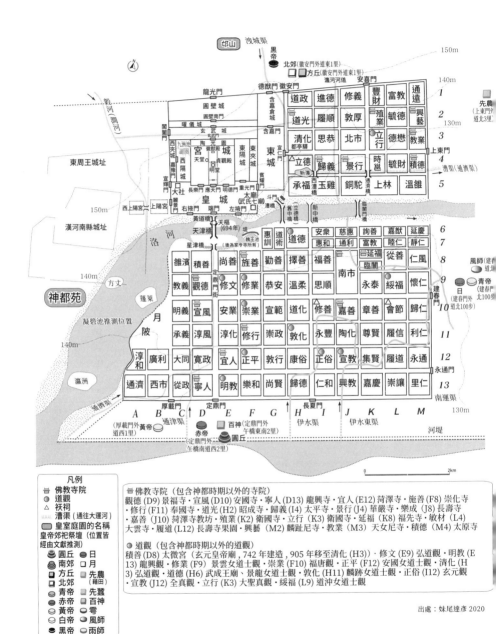

論，一個更具普遍性的政治權力建構才成為可能。

轉輪聖王思想認為，唯有成為推廣佛法的轉輪聖王，世俗君主方可做為理想的執政者統治世界。在所有轉輪聖王之中，武則天被定位為最後出現、且地位最高的金輪聖王。相對於以男性為尊的儒教天子—皇帝制王權論，這種佛教思想帶有揚棄執政者男女性別、出身階級、地域和歷史差異的普遍性。武則天定為都城的神都洛陽也是東亞佛教聖地之一。七至八世紀出現在新羅和日本的女帝和皇后，也都藉由佛教王權論來正統化自身政權。武則天將原本「尊道貶佛」的國家宗教政策替換為「尊佛貶道」，對於正統化女性皇帝政權來說是不可或缺的政策。倘若沒有七世紀東亞佛教的普及，武則天不可能實現改唐為周的易姓革命。

轉輪聖王的都城被莊嚴化，成為佛教的理想城市。出自敦煌，現今收藏於法國吉美博物館（Musée Guimet）的華嚴經變相圖（參照二二七頁）被認為繪製於十世紀中期，描繪華嚴經裡的無限世界（百億千世界）化作大蓮花之中的城市。由此可以想像武則天試圖讓洛陽莊嚴化，將其打造為佛教理想城市的王權思想。

不過武則天以後的執政者，勢必對這種致使女性皇帝即位的佛教王權論抱持戒心。玄宗表面上雖主導儒教、佛教和道教的共存與融合，卻對外來世界性宗教佛教強力施壓，在政治上強調中國自古以來的道教，也就是回歸「尊道貶佛」。玄宗重視道教的政治態度，到了統治中後期的天寶年間變得更為顯著。

圖 4-1　佛教理想城市——敦煌絹畫《華嚴經變圖》（局部）

佚名繪，絹本設色，194×179cm，五代初期，敦煌藏經洞出土，（法國）吉美博物館藏。

2 長安七五一年（天寶十年）

玄宗朝的成立（七一二—七五六年）

玄宗即位初期，將都城從武則天的據點神都洛陽遷回唐高祖與太宗的根據地長安，又將國家宗教的重心從佛教轉移至道教，並積極舉辦各種文化事業。玄宗這樣做的目的，就是主張唐的延續，否定武周的正統性。

另一方面，玄宗在實務上則沿襲武則天開啟的行政改革，並活用武則天經由科舉制度錄用的有能之士，創造了大唐盛世。現今我們對於唐朝絢爛多彩的文化印象，多半源自玄宗開元（七一三—七四一年）及天寶（七四二—七五六年）時期。在武則天易唐建周的唐周革命催化下，玄宗朝的前期孕育出了開元之治與盛唐文化。

雖然玄宗否定武則天周朝的正統性，政治上卻深受武則天的影響。

玄宗效法武則天的明顯事例，是將都城遷回長安，並改造長安和洛陽。武則天在建立周朝的同時，以神都洛陽做為主要都城，將長安的中央官署和祭祀設施遷到神都。此外更將關內數十萬戶遷至神都王畿（都城圈），並於周圍設置東南西北四關。神都畿內優先成立保護王都的折衝府（府兵所在的軍府），以神都為中心整頓集權行政制度。

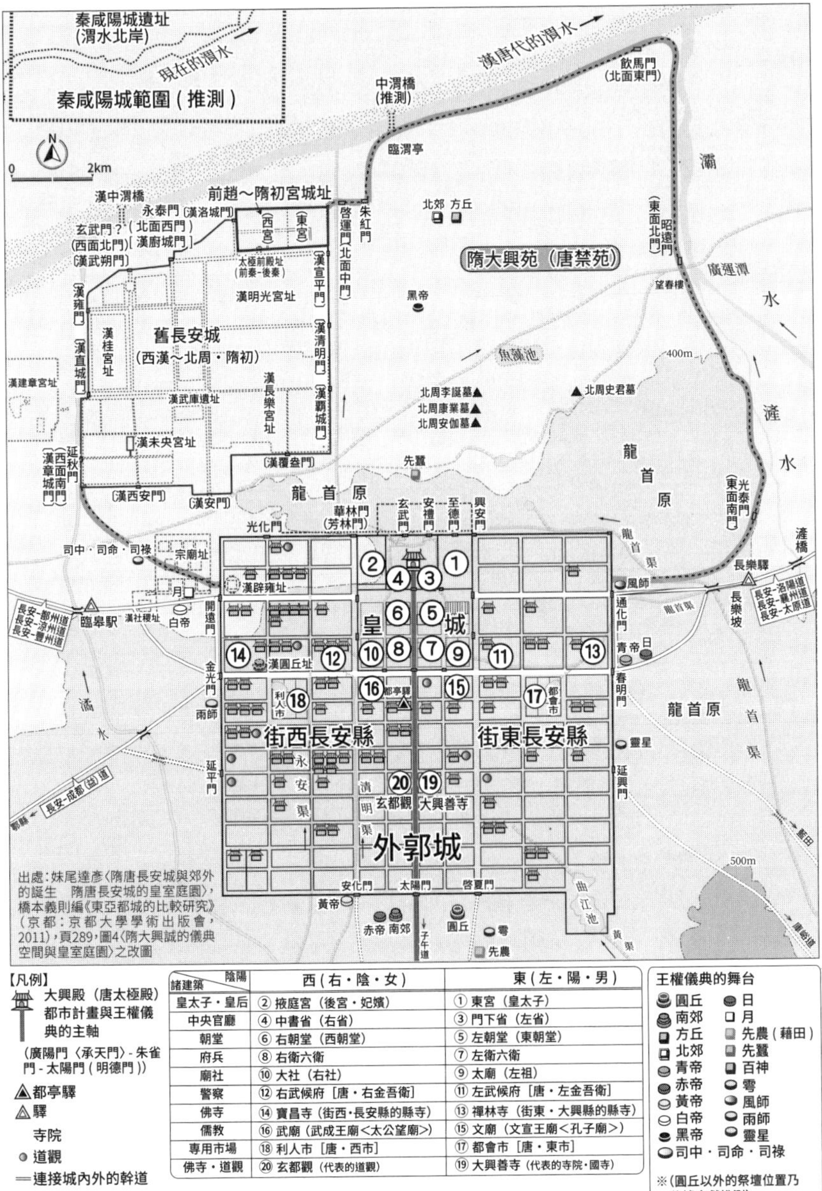

出處:妹尾達彥〈隋唐長安城與郊外的誕生　隋唐長安城的皇室庭園〉，橋本義則編《東亞都城的比較研究》(京都:京都大學學術出版會，2011)，頁289，圖4〈隋大興誠的儀典空間與皇室庭園〉之改圖

【凡例】

大興殿（唐太極殿）都市計畫與王權儀典的主軸

（廣陽門〈承天門〉- 朱雀門 - 太陽門（明德門））

▲都亭驛

△驛

寺院

● 道觀

═ 連接城內外的幹道

諸建築／陰陽	西（右・陰・女）	東（左・陽・男）
皇太子・皇后	② 掖庭宮（後宮・妃嬪）	① 東宮（皇太子）
中央官廳	④ 中書省（右省）	③ 門下省（左省）
朝堂	⑥ 右朝堂（西朝堂）	⑤ 左朝堂（東朝堂）
府兵	⑧ 右衛六衛	⑦ 左衛六衛
廟社	⑩ 大社（右社）	⑨ 太廟（左祖）
警察	⑫ 右武候府［唐・右金吾衛］	⑪ 左武候府［唐・左金吾衛］
佛寺	⑭ 寶昌寺（街西・長安縣的縣寺）	⑬ 禪林寺（街東・大興縣的縣寺）
儒教	⑯ 武廟（武成王廟<太公望廟>）	⑮ 文廟（文宣王廟<孔子廟>）
專用市場	⑱ 利人市［唐・西市］	⑰ 都會市［唐・東市］
佛寺・道觀	⑳ 玄都觀（代表的道觀）	⑲ 大興善寺（代表的寺院・國寺）

王權儀典的舞台

- 圜丘
- 南郊
- 方丘
- 北郊
- 青帝
- 赤帝
- 黃帝
- 白帝
- 黑帝
- 司中・司命・司祿
- 日
- 月
- 先農（藉田）
- 先蠶
- 百神
- 雩
- 風師
- 雨師
- 靈星

※(圜丘以外的祭壇位置乃依據文獻推測)

隋大興城的都市計畫（6 世紀末）

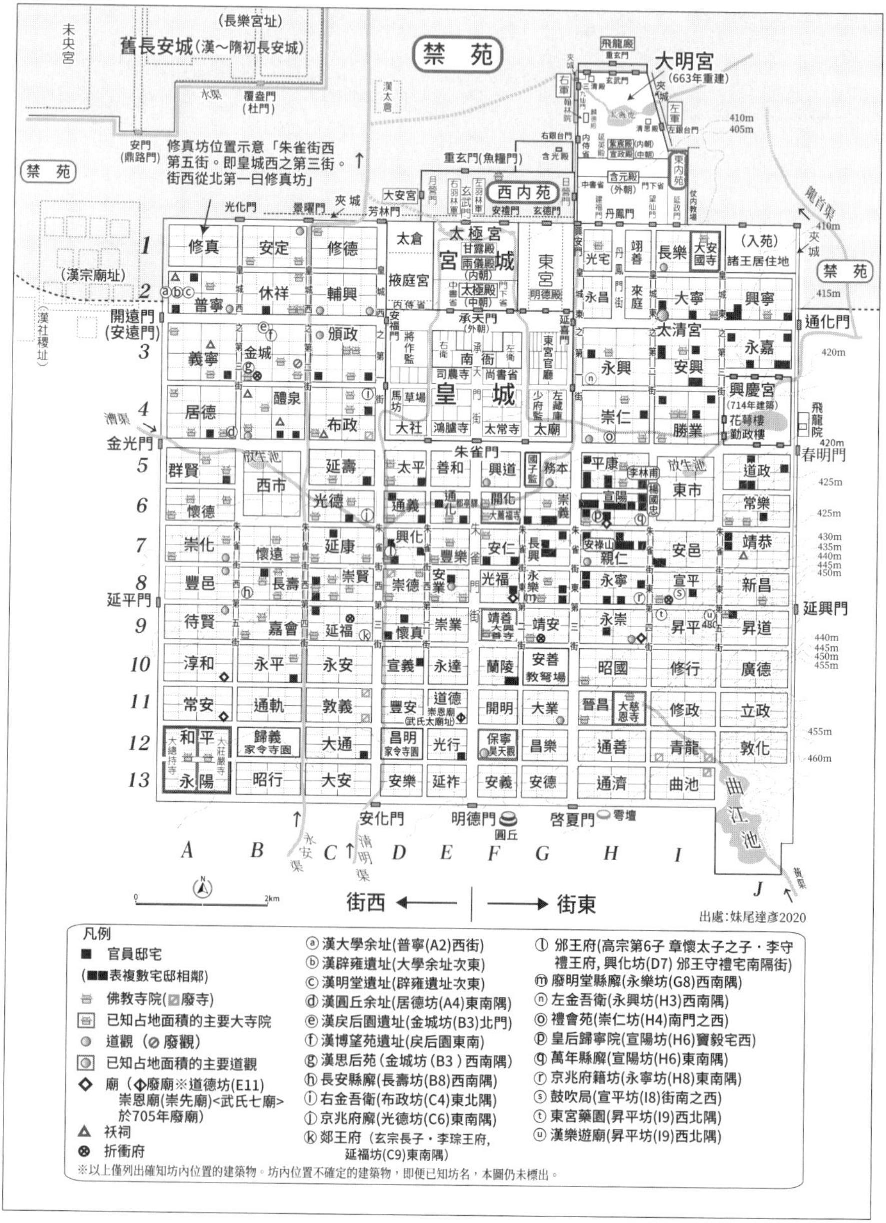

長安751年——玄宗的國際城市

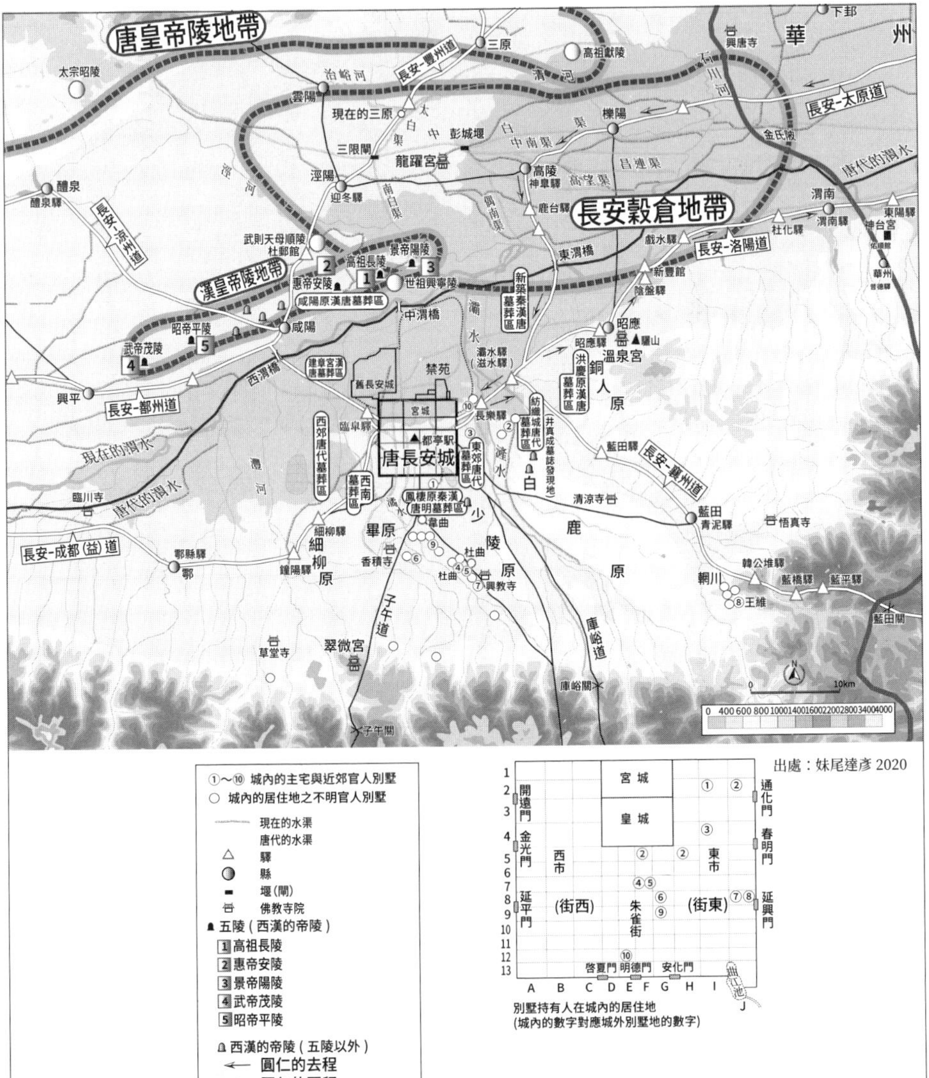
唐皇帝陵地帶
長安穀倉地帶
漢皇帝陵地帶
長安-豐州道
長安-太原道
長安-涼州道
長安-洛陽道
長安-鄜州道
長安-襄州道
長安-成都(益)道
唐長安城
宮城
都亭駅
禁苑
舊長安城
中渭橋
西渭橋
東渭橋
咸陽
涇陽
三原
現在的三原
雲陽
高陵
櫟陽
渭南
華州
下邽
醴泉
興平
鄠
藍田
昭應
溫泉宮
驪山
輞川
龍躍宮
翠微宮
太宗昭陵
高祖獻陵
武則天母順陵
高祖長陵
惠帝安陵
景帝陽陵
世祖興寧陵
昭帝平陵
武帝茂陵
咸陽原漢唐墓葬區
建章宮漢唐墓葬區
西郊唐代墓葬區
西南墓葬區
東郊唐代墓葬區
鳳棲原秦漢唐明墓葬區
新築秦漢唐墓葬區
洪慶原漢唐墓葬區
紡織城唐代墓葬區
井真成墓誌發現地
現在的渭水
唐代的渭水
涇河
灃河
滻水
灞水
清河
石川河
白渠
中白渠
南白渠
太白渠
中南渠
高望渠
昌連渠
偶南渠
冶峪河
三限閘
彭城堰
金氏陂
銅人原
白鹿原
少陵原
畢原
細柳原
子午道
庫峪道
子午關
庫峪關
藍田關
長樂驛
灞水驛(滋水驛)
臨皋驛
細柳驛
鍾陽驛
鄠縣驛
迎冬驛
醴泉驛
杜郵館
神皋驛
鹿台驛
戲水驛
新豐館
陰盤驛
昭應驛
藍田驛
青泥驛
韓公堆驛
藍橋驛
藍平驛
杜化驛
渭南驛
東陽驛
神台宮
華州
興唐寺
清涼寺
悟真寺
香積寺
興教寺
草堂寺
臨川寺
韋曲
杜曲
王維
出處：妹尾達彥 2020
①～⑩ 城內的主宅與近郊官人別墅
○ 城內的居住地之不明官人別墅
現在的水渠
唐代的水渠
驛
縣
堰(閘)
佛教寺院
五陵(西漢的帝陵)
1 高祖長陵
2 惠帝安陵
3 景帝陽陵
4 武帝茂陵
5 昭帝平陵
西漢的帝陵(五陵以外)
圓仁的去程
圓仁的回程
長安-洛陽道
以長安都亭驛為主的七條交通幹線
宮城
皇城
西市
東市
(街西)
(街東)
朱雀街
開遠門
金光門
延平門
通化門
春明門
延興門
啓夏門
明德門
安化門
曲江池
別墅持有人在城內的居住地
(城內的數字對應城外別墅地的數字)
【圖例】①～⑩已知城内居住地與城外別墅的官人(僅列出已知城内主宅與城外別墅居住地的官人，詳情參照表3)
①仇士良②太平公主③寧王憲④杜佑·杜牧⑤于頔⑥裴度⑦牛僧孺⑧王維⑨韓愈⑩魚朝恩

唐長安的都城圈

事實上，可以說唐玄宗將武則天在洛陽施行的這些政策，直接沿用至長安。玄宗以武周制為基礎整頓了政治、經濟及軍事制度，這些制度在歷經安史之亂後仍持續傳承至後代，於九世紀時奠定了前近代中國王朝後期的政治和財政機構基礎。

玄宗即位後掃除殘存的武則天一族及武后派官僚，並將都城自洛陽遷回長安，完成武則天所生的伯父中宗和父親睿宗未竟的事業。

遷都方面，玄宗將武則天時期以洛陽為中心的畿內（都城圈）裁減近一半，並以長安為中心重組京畿（長安都城圈），擴編成比洛陽都畿（洛陽都城圈）幾乎大上一倍的規模。另外又把長安京畿的行政順位置於洛陽都畿之上，藉此達成集權長安的目的。

此外，玄宗更著手進行長安的城市改造，確立以大明宮為中心的行政指揮系統，並整頓空間配置，令皇帝得以獨攬大權。最早將政治中樞從太極殿轉移至大明宮的，是高宗和武則天。始於武則天的長安改造到玄宗時期臻至完成，創造出有別於隋大興城的嶄新城市空間。原本據陰陽五行思想，從宮殿延伸出南北中軸線，形成左右對稱結構的隋大興城，在歷經武則天和玄宗時代後改頭換面（參照二二九頁、二三〇頁圖）。

玄宗朝後皇帝長住長安，加上以長安為中心進行的交通改革，促使了包含長安城內與近郊的生活圈加速形成，孕育出多采多姿的城郊社會（參照二三一頁圖）。為了儲藏在洛陽穀倉的糧食，唐朝前期皇帝頻繁巡幸洛陽，不過多虧漕運改革，玄宗中後期就不再需要這樣做。長安成了名符其實代表中國的都城。

東亞七五一年

七五一年（玄宗天寶十年）發生了著名的怛羅斯戰役，甫成立不久的阿拔斯王朝（七五〇—一二五八年）軍大敗唐朝軍隊，導致歐亞非大陸的國際關係出現轉變。七五一年也是安史之亂爆發的四年前。在怛羅斯戰役與安史之亂的加乘作用之下，伊斯蘭勢力確立了中亞霸權，蒙古高原的回紇、西藏高原的吐蕃，以及中國西南部的南詔亦擴展其勢力，使得唐朝的統治空間大幅縮減（參照二一四頁、二一七頁圖）。

而該年，在統一朝鮮半島的新羅國，與唐玄宗關係密切的景德王已在位十年，王都內外接連建造佛國寺等佛教寺院及石窟。日本則適逢女帝孝謙天皇天平勝寶三年，完成於七五二年的東大寺正在興建中。渤海為文王（大欽茂）大興十四年，此時都城仍是中京顯德府。文王於四年後的七五五年遷都龍泉府，試圖仿效長安打造一座佛教城市。渤海、新羅和日本見證了一度遭武周中斷的唐朝在玄宗手裡重振為大國，同時各國也在與第二時期的唐朝交流對峙的過程中，逐步打造自己的國家。

長安七五一年（天寶十年）

另外，七五一年恰逢玄宗在位滿四十年。正月八日，玄宗於大明宮南方的大寧坊（二三〇頁圖I2）西南隅的太清宮舉行祭儀。太清宮為供奉唐朝李氏祖先老子的靈廟（參照二三〇頁、二四二頁、二四五頁圖）。相傳老子（玄元皇帝）曾顯靈大寧坊天上讚頌玄宗，故玄宗於七四二（天寶元）年興建此廟。太清宮象徵玄宗注重道教的政策，在國家儀典占有重要地位。

正月九日，玄宗先後於太清宮及皇城內的太廟祭祀先祖，接著南返城內，十日於明德門東南的圜丘祭拜天地。返回大明宮後，玄宗昭告天下免除當年地稅，藉以體恤人民。在首重祭祀天地的國家禮儀當中，將太清宮的祭祀順序置於太廟之前的皇帝親郊（皇帝親自祭拜天地的禮儀）形式，便是在七五一年正月定型並流傳後世（參照二三〇頁圖）。

正月十六日，徹夜點燈慶祝的第一次滿月夜裡，五名玄宗寵妃楊貴妃的親族（參照二二二頁系譜）帶著隨從夜遊西市，在西市門前與玄宗的公主（女兒）搶道，導致公主墜馬。這是楊貴妃一族仗恃玄宗寵愛的其中一則插曲，當然由此亦可窺知玄宗時期元宵賞燈等年度活動盛行的長安居民生活（開頭提到的《長安十二時辰》即以長安上元節賞燈做為舞台）。

當時粟特系突厥人武將安祿山日益受寵，同年正月更獲賜位於長安城內一等地的親仁坊（二三〇頁圖H7）宅邸。安祿山在長安數一數二的豪宅裡過著奢華的生活，同時打入大明宮內玄宗、楊貴妃及宮廷的人脈中，成為左右唐朝政治中樞的軍人政治家。

正月二十日是安祿山的生日。為了慶賀，玄宗從內庫提出大量財寶賜與安祿山。這次與前年玄宗和楊貴妃賞給安祿山的物品清單如二三七頁表所示，繽紛豪華的工藝品項著實令人驚嘆。平脫是將金銀延展成薄片狀後貼於漆面上，並再度上漆研磨光整的漆工藝技法之一。這些賞賜品讓人聯想到日本正倉院的御物，其中多數皆由宮廷工房製作，可說是展現當時最高水準工藝技術的珍品。

身為從北方游牧地區與唐朝農業地區交界地帶崛起的軍人兼商人，安祿山本就從事貿易，精通商品鑑定，對工藝品更是眼光獨具。因此，玄宗賜給安祿山的自然都是精挑細選的頂級品。

二月，安祿山要求擔任河東節度使，並得玄宗應允，從此一人身兼范陽、平盧、河東三地節度使。而安祿山也是首度獲封東平郡王爵位的唐朝將軍，八月更擔任河北道採訪處置使，成為唐朝擁有最大勢力的軍閥。此外，安祿山還設宴邀請奚與契丹將軍，並在席間將其灌醉後殺害，將首級獻給玄宗討其歡心。

四月，唐軍進攻南詔，最後大敗。南詔藉機依附吐蕃結為兄弟之邦，成為吐蕃贊普義弟，並獲得東帝的稱號。唐朝所統治的遼闊疆域因而逐漸走向瓦解。同一時期，中亞也爆發了撼動唐朝霸權的事件，也就是怛羅斯戰役。

怛羅斯戰役

七五〇年（天寶九年），安西節度使高仙芝出安西都護府所在地龜茲，越過帕米爾高原進軍粟特，攻打石國。當時高仙芝謊稱和談，偷襲石國國王，並大肆掠奪財寶。七五一年正月，高仙芝帶著擒獲的國王及其部下進入長安，蒙玄宗賜封開府儀同三司（從一品）。

高仙芝入侵粟特，俘虜石國國王拘送長安，這一連串舉動激怒了粟特人，致使粟特各國與創立沒多久的阿拔斯王朝（大食）軍聯手。粟特各國邀請阿拔斯王朝軍隊，計畫攻擊高仙芝據點的安西四鎮（龜茲、于闐、疏勒、焉耆）（怛羅斯與安西四鎮的位置參照二二四頁、二二七頁圖）。

七五一年，高仙芝聞訊後率領三萬漢人與非漢人軍隊前往怛羅斯。唐軍和阿拔斯王朝軍交戰了五天，過程中本為唐朝同盟的葛羅祿部倒戈，與阿拔斯王朝軍聯手，導致唐朝慘敗，士兵大多戰死，高仙芝好不容易才逃回長安。然而阿拔斯王朝的軍隊並未進攻安西四鎮。

怛羅斯一役戰敗後，中國政權所統治的空間再也無法擴展至帕米爾高原以西。唐朝軍隊在中亞的敗戰促使吐蕃與回紇崛起，唐朝軍事前線逐漸從西北轉往東方。四年後安史之亂爆發，更決定了日後中國軍事重心正式由西北向東北轉移，而中原政權軍事重心的轉移，也成為後代遼、金、元、清成立的背景。

雖然一般盛傳唐朝俘虜在此役將造紙術傳至中亞，但近年研究認為，八世紀前的中亞可能早已有造紙術存在，故中國造紙術在怛羅斯戰役傳至西方的說法需再重新審視。

1. 750 年（天寶 9 年）8 月玄宗賜予安祿山的賞賜品

酥真符，寶輿，窯台，音聲，寶車，牛士，繖蓋，小山花果爇雜樹，小獅子、白象各二，爇食等一牙盤，銀平脫破方八角花鳥爇屏帳一具（方圓一丈七尺），金銅鉸具、銀鑿鏤、銀鑲二具，色絲縚一百副，夾頡羅頂額織成錦簾二領，紫綊簾羅金銅鉤分錯色絲縚貼白檀香牀兩張（各長一丈，闊六尺），水葱夾貼綠錦緣白平紬背席二領，繡茸毛毬合銀平脫帳一具（方一丈三尺），金銅鉸具、繡綾頡夾帶、碧綾峻旗、色絲縚百副九，貼文牙牀二張（各長一丈，闊三尺），水葱夾貼席，紅錦緣白平紬背，紅異文繡方繡褥，紫紬牀帳兼黃金瑤光全兩內帳設，青羅金鸞緋花鳥子女立馬雞袍袴屏風六合，紅瑞錦褥四領，二色綾褥八領，瑞錦屏兩領，龍鬚夾貼席一十四領，貼文柏牀一十四張，白檀香木細繩牀一張，繡草敦子三十箇，金平脫五斗飯罌二口，銀平脫五斗淘飯魁二，銀絲織成篣筐一，銀織笊籬一，金銀具食藏二，寶鈿鏡一面，金平脫匣，寶枕，承露囊，金花盌，雜彩綾羅，金銀器物，聲音口等（龜茲一部，雞棲鼓、指鼓、腰鼓、笛、簫、觱篥等七人，金鞍花大銀胡餅四，大銀魁二併蓋，金花大銀盤四，雜色綾羅三千尺），契丹生女口大小五十人。

2. 751 年（天寶 10 年）正月 1 日安祿山生日獲得的賞賜品

金花大銀盆二，金花銀雙絲平二，金鍍銀蓋椀二，金平脫酒海 一并蓋，金平脫杓一，小馬腦盤二，金平脫大盞四，次盞四，金平脫大瑪瑙盤一，玉腰帶一，并金魚袋一，平脫匣一，紫細綾衣十副（內三副錦襖子并半臂，每副四事），熟錦細綾□□三十六具。

3. 751 年（天寶 10 年）正月 1 日楊貴妃送給安祿山的禮物

金平脫裝一具，內漆半花鏡一，玉合子二，玳瑁刮舌陂篦、耳篦各一，銅鑷子各一，犀角梳篦刷子一，骨咄合子三，金鍍銀盒子二，金平脫盒子四，碧羅帕子一，紅羅繡帕子二，紫羅枕一，氈一，金平脫鐵面枕一，平脫鎖子一，銀沙羅一，銀鏂椀一，紫衣二副，內一副錦，每衣計四事件。

4. 安祿山的進貢品

金銀器物、婢、駞馬等（金窯細胡瓶二，銀平脫胡平牀子二，紅羅褥子一，婢十人，細馬十匹，打毬士生馬三十匹，駱駞十頭，骨鞍轡三十具，並黃綾鞍袱三十條，抄尾大馬纓十箇，鹿尾醬、鹿尾骨等）。

安祿山獲得的賞賜品一覽

出處：姚汝能著，曾貽芬點校，《安祿山事蹟》（中華書局，2006）。

李白五十一歲，杜甫四十歲

最後，七五一年這一年，中國兩位代表性詩人李白（七〇一－七六二年）和杜甫（七一二－七七〇年）分別是五十一歲和四十歲。一般認為李白出身自中亞加茲尼或碎葉（參照二一七頁圖）。這年杜甫仍在長安尋求入仕，李白則因性格奔放招來禍端，年過五十被迫離開都城漂泊外地。杜甫的〈兵車行〉即是成於此年，以「車轔轔，馬蕭蕭」起頭，描述出征士兵與家族的悲涼。雖然杜甫在玄宗晚期終於獲得低階官職，卻在安史之亂爆發後失去一切，隨家人在各地輾轉流離。

如同明代文人李攀龍之言「文秦漢，詩盛唐」，唐代文學以詩為中心蓬勃發展。唐詩盛行的原因之一，在於科舉進士科考題包含了律詩寫作。初唐受南朝影響，詩風纖細華麗，武則天時期批判南朝詩流於華美的遺風，提倡恢復漢魏傳統，是盛唐詩及中唐詩的先驅。玄宗開元與天寶年間的盛唐為唐代文學鼎盛期，詩仙李白和詩聖杜甫等頂尖優秀詩人輩出。盛唐集過往文藝活動之大成，開啟了傳承後代的新文化。

李白和杜甫一生充滿苦難，相形之下，安史之亂後九世紀的代表性詩人多半是像白居易和韓愈這種考取進士的菁英官員。李杜的詩講述失志的痛苦掙扎，卻也因此造就了獨創性與永恆性。這種藝術法則依然契合於當代。

3 喧騰的街市

街道指南與城市圖

造訪玄宗時期的長安街角時，可以發現這裡經常發生各種事件，孕育新的流行，時代變化也深深反映在衣食住與思想傾向。當時長安為世界最大的觀光城市，社會治安也相對較佳，普遍可見女性乘坐馬車往來城內外。接下來就讓我們漫遊長安街道，一窺八世紀國際城市的面貌。

要探討玄宗時期的長安，可供參考的指南與城市地圖有韋述的《兩京新記》（完成於七二二年左右），以及北宋呂大防的〈長安圖〉（完成於一〇八〇年的石碑，參照二四一頁、二四二頁圖）。前者描寫八世紀前期的長安城市社會，後者則是按照《兩京新記》等資料繪製的長安城市空間圖。二三〇頁的八世紀玄宗時期長安圖主要根據這兩份史料，並佐以考古資料與相關文獻繪製而成。

呂大防的〈長安圖〉詳細描繪城內景象，是中國現存最早的城市圖。二四五頁圖主要以呂大防〈長安圖〉為依據，進一步放大街東部以北的情景。如該圖所示，隨著土地利用的機能分化，長安城內也出現居住地依階級、身分與職業不同而分化的現象。交通便利、位於大明宮南側與宮城皇城東側的街東東北部1至4列諸坊，便形成政府高官、宦官與諸王的高級住宅區。許多城內最重要的宗教設施〔如佛教的大安國寺、光宅寺、荷恩寺（七寶台寺）、資聖寺，道教的太清宮、景龍觀等〕也座落在這塊地區。

此區南側的5至9列為街東中部，東市便位於其間。街東中部是科舉出身的新興官僚聚集區，主導唐朝後期政治活動的科舉出身官員大多住於此區，成為彼此間互相來往，建立緊密人際關係的政治空間。其中也有許多政府高官宅邸，安祿山的賜宅便位於親仁坊（以下對應二三〇頁圖，H7），政敵陽國忠（楊釗）及宰相李林甫的宅邸則分別座落在宣陽坊（H6）東北隅及平康坊（H5）東南隅。重要官員經常聚在這些高官宅邸裡制定政策。

九世紀時，街東北部集聚了地方藩鎮駐京機構進奏院，是長安的市中心。東市—平康坊（H5）—崇仁坊（H4）周邊更成為城內最熱鬧的地區。另一方面，街東南部的10至13列則被規劃為皇族和城內官員的休閒區。

值得慶幸的是，現存關於城內建築物配置與各階層居民的資訊十分豐富，有助於重建唐代長安的面貌。除了《兩京新記》外，描寫玄宗時期長安的著作更是不勝枚舉，例如講述玄宗宮廷樂團亦即教坊變遷的崔令欽《教坊記》、剖析安祿山為人與安史之亂始末的姚汝能《安祿山事蹟》（《長安十二時辰》主角即以《安祿山事蹟》中記載的一名士兵為雛形，姚汝能也做為重要人物登場）、描繪玄宗時絕世榮華的王仁裕《開元天寶遺事》與鄭棨《開天傳信記》，以及記錄玄宗朝見聞的封演《封氏聞見記》等等。

事實上，現在的技術已可細緻地復原玄宗時期的長安，但一般人恐怕不太清楚，故筆者透過自

呂大防〈長安圖〉（1080）復原圖及拓本殘存部分

出處：妹尾達彥〈「生前的空間，死後的世界——隋唐長安的官人居住地與埋葬地〉，《中央大學文學部紀要　史學第62號》期刊第266號（中央大學文學部，2017年3月），頁100-101，圖7之改圖。

本圖製作依據為：平岡武夫《唐代研究指南　第七唐長安與洛陽　地圖》（京都大學人文科學研究所，1956）所刊載之插圖二・第二張〈長安城圖〉（呂大防），以及胡海帆〈北京大學圖書館藏呂大防《長安圖》殘石拓本的初步研究〉《唐研究》第21卷，2016，頁1-63。本圖之禁苑機能參照：妹尾達彥〈隋唐長安城的皇室庭園〉，橋本義則編《東亞都城的比較研究》（東京大學學術出版會，2011），頁269-329。虛線內文字有部分為推測。

太極宮
大明宮
依據北大Ｂ本增補的部分
禁苑
興慶宮
東內苑
右軍
麟德殿
太液池
大明宮
十六宅
夾城
光宅坊
翊善坊
長樂坊
永昌坊
來庭坊
大寧坊
興寧坊
永興坊
安興坊
永嘉坊
崇仁坊
勝業坊
平康坊
道政坊
常樂坊
東市
務本坊
崇義坊
龍首渠
少府監
尚書省

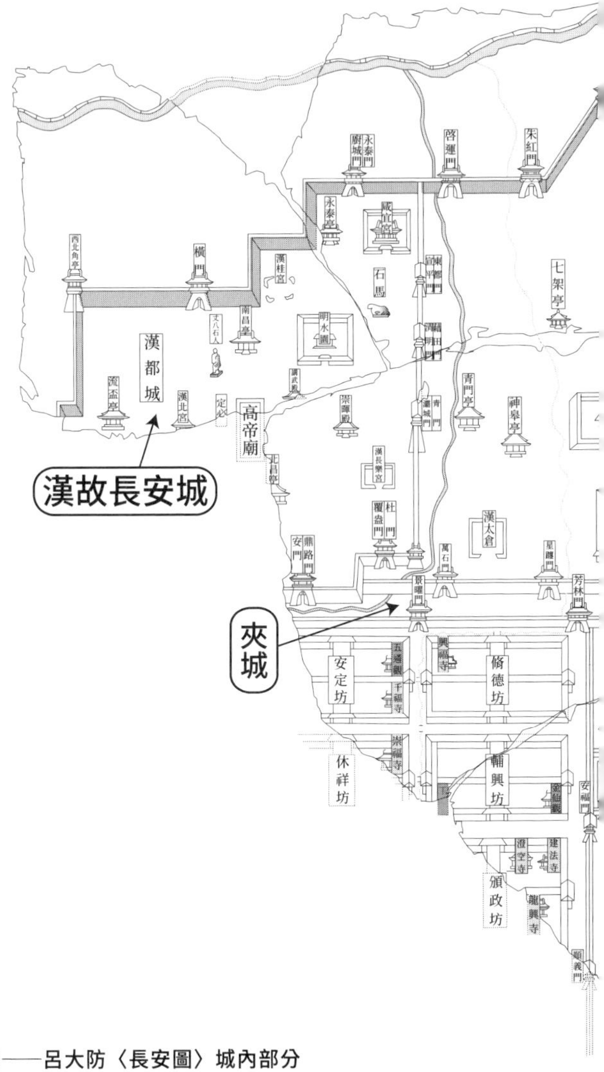

記錄於石碑上的8世紀長安——呂大防〈長安圖〉城內部分

出處：妹尾達彥，〈生前的空間，死後的世界－隋唐長安官人居住地與埋葬地〉，《中央大學文學部紀要　史學第 62 號》期刊第 266 號（中央大學文學部，2017 年 3 月），頁 100-101，圖 7 之改圖。

本圖製作依據為：平岡武夫，《唐代研究指南　第七唐長安與洛陽　地圖》（京都大學人文科學研究所，1956）所刊載之插圖二．第二張〈長安城圖〉（呂大防），以及胡海帆，〈北京大學圖書館藏呂大防《長安圖》殘石拓本的初步研究〉《唐研究》第 21 卷，2016，頁 1-63。

本圖之禁苑機能參照：妹尾達彥，〈隋唐長安城的皇室庭園〉，收於橋本義則編《東亞都城的比較研究》（東京大學學術出版會，2011），頁 269-329。虛線內文字有部分為推測。

製的復原圖，盡可能有系統地具體說明。

關於洛陽，遺憾的是並無媲美呂大防〈長安圖〉的洛陽圖留存至今，《兩京新記》的洛陽部分也已佚失。故二二五頁的洛陽圖乃統合依據《兩京新記》所編纂的北宋宋敏求《河南志》、考古資料及洛陽相關史料還原而成。相較於長安，精準度確實較差。現今仍留有關於玄宗時期長安的豐富史料，可說是拜玄宗的長安集權化政策所賜。

《兩京新記》編者．韋述的經歷

韋述出身關中六姓的京兆韋氏，七〇九年考取進士。韋氏一族出了許多有名的知識分子，編纂《東都記》二十卷的司農卿韋弘機（韋機）為韋述的曾祖父，父親韋景駿則出身科舉明經科，後任房州刺史。

韋述參與祕書省擱置的書籍整理作業，七二〇年與多人共撰四庫總目《群書四部錄》二〇〇卷。同年春天移調麗正殿（麗正修書院），就任校訂書籍的校勘官，期間編纂了記錄氏族系譜的《開元譜》。在麗正殿服務兩年後，他於七二二年完成《兩京新記》五卷，並持續增補。七五〇年成為主掌國家祭祀的禮儀使，同年更成為尚書工部侍郎（正四品上）。安史之亂爆發時，他抱著書籍逃往終南山，卻為安祿山政權所擒，被任命為偽官，因此在平亂後遭判流罪，於流放地抑鬱而終。

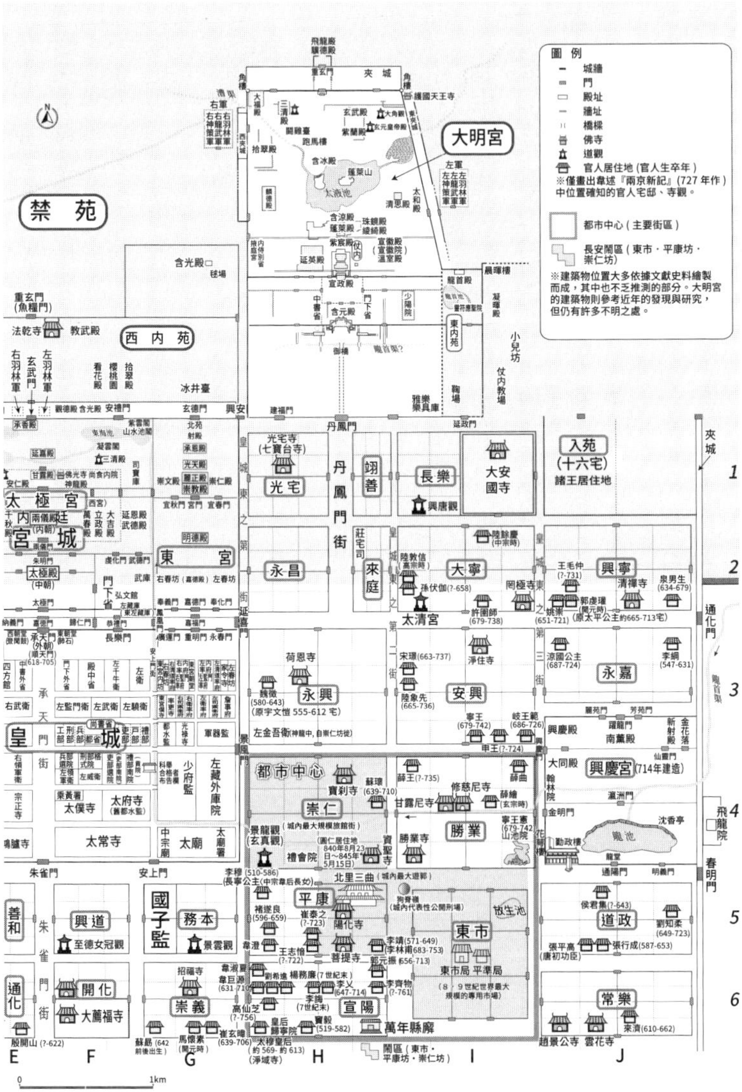

長安，街東北部的城市中心與皇城大明宮（8-9 世紀）

出處：妹尾達彥〈唐長安的城市中心與進奏院——從進奏院狀（P3547, S1156）一窺端倪〉，收於土肥義和．氣賀澤保規編，《敦煌．吐魯番文書的世界與時代》（東洋書庫，汲古書院，2017 年 3 月），頁 477，圖 3 之改圖。

除了描寫長安在玄宗朝理想政治下的繁榮景象，《兩京新記》也意在宣揚都城從武則天神都遷回玄宗長安的正統性。令人驚訝的是，《兩京新記》鉅細靡遺地刻劃了長安城街西各坊寺院、道觀、官署、官員宅邸的位置與沿革。之所以能做到這種程度，主要是因為韋述長年就任麗正殿和集賢院史官之職，得以特別閱覽宮內相關藏書，進而觀察並記錄長安城內日趨繁榮的情景。

《兩京新記》描寫的長安

根據韋述《兩京新記》記載，位置已確知的外郭城建築共約二百七十處（位置不明的建築物除外），包含九十三座佛教寺院、八座廢寺、二十座道觀、六座祆教寺院（祆祠）、一〇九棟官員宅邸、十八棟公共建築、五座漢代遺址、五座廟和三道水渠。

其中宗教建築數量達一百二十七處，幾乎占了總數的一半，其次是官員宅邸。從宗教建築和官員宅邸的分布看來，居民並非平均四散城內，約有九成都聚集在連接延平門和延興門的東西向大街以北的外郭城空間。其中約七成的佛教寺院等宗教設施座落於街西，約八成的官員宅邸座落於街東。

街西之所以有許多寺院，是由於寺院大多建立於隋唐初年。當時受惠於水運之便，街西可直通西域各城市，城市機能十分完善，故城內居民多定居街西，使得該區寺院林立。

隨著高宗與武則天修築街東北部的大明宮（六六三年），以及後來玄宗建造興慶宮（七一四

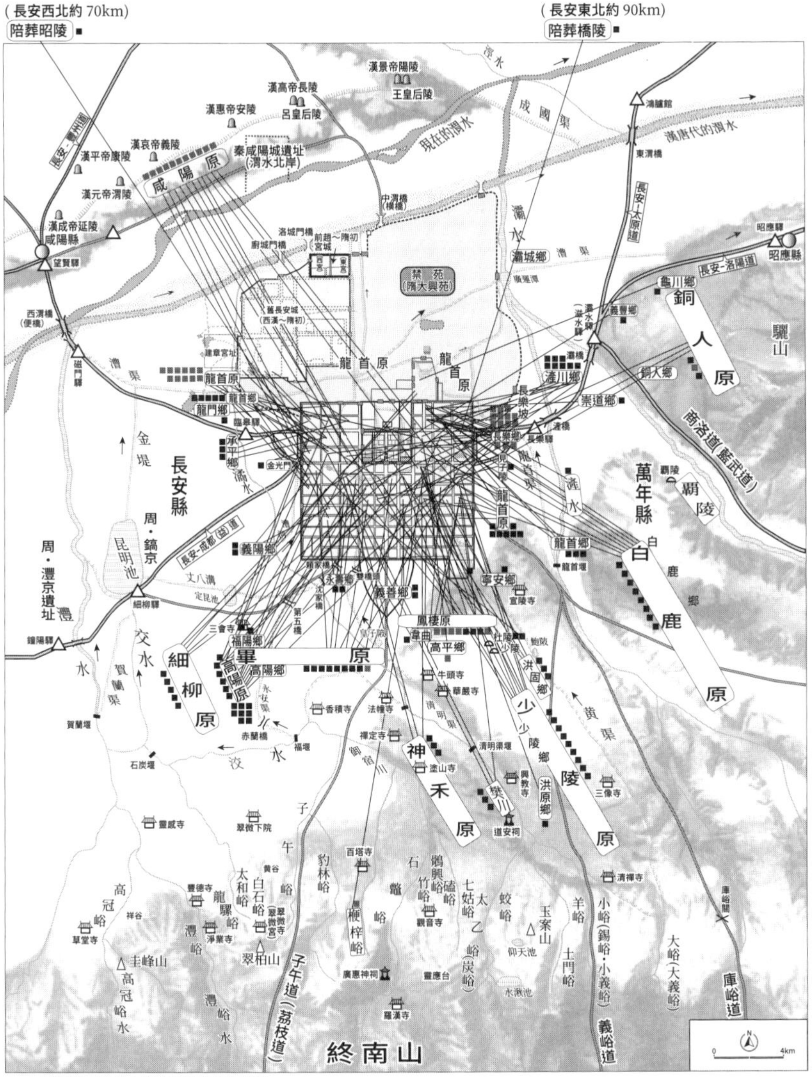

長安城內居住地與城外葬地的關係——玄宗時代（714-763）

製圖依據：妹尾達彥〈隋唐長安城與關中平原的土地利用——以官人居住地與墓葬地的變遷為中心〉，妹尾達彥編，《都市與環境的歷史學［增修版］第３集　特集　東亞的都城與葬制》（中央大學文學部東洋史學研究室，2015），頁 122-129，表６〈隋唐長安居民的居住地與近郊墓葬地的變遷 第４期〉。

年），官員居住地開始往街東移動，政治機能亦匯聚於此，因此八世紀前期以來官員宅邸集中在街東。八世紀後大明宮取代太極宮，成為皇帝的主宮殿，官員宅邸集中在大明宮前方。另一方面，中下級官員、庶民及外國人則集中住在朱雀街以西的街西。長安的城市文化便是在如此特殊的空間構造中盛開綻放。

目前出土的墓誌多達一萬數千多件，針對長安郊外墓地與城內居住地的關係，亦可如二四七頁圖所示，將唐初到唐末的變遷按不同時期加以還原。玄宗時期官員的城內居住地與城外墓區之間的密切關係，就這樣延續到唐末的長安。

《兩京新記》的民間傳說與城市空間

韋述《兩京新記》除了記錄建築物的位置和沿革外，更會大量引用相關的故事與傳說。其中以鐘聲無端響起這類與寺院有關的逸聞占了最多數，但也有不少關於官署、名勝景點、官員宅邸和街衢的傳說。

長安城本是反映天象秩序的宇宙之都，也是透過王朝禮儀正統化政治權力的舞台。在王朝初期，長安城是依據儒教宇宙觀制定城市計畫，打造理想城市，以此為舞台舉行王朝儀典，藉此以視覺方式呈現社會秩序，達成正統化王朝權力的目的（參照二二九頁圖）。

不過到了武則天掌權的七世紀後期，由於武后厭惡以男性為尊的儒教為依據所制定的太極宮城市計畫，遂主導重修大明宮（六六二—六六三年），使得長安城的都市結構產生變化。長安至此即以大明宮為中心，從唐初重視象徵性與普遍性的城市空間，加速轉變為重視政治機能與特色的城市空間。

從武則天到玄宗時期，比起象徵追求天人合一的城市計畫，皇帝、官僚和居民們更重視完善居住環境的生活需求。受到當時商業活動發達的影響，長安城市結構的機能分化也與時俱進。八世紀前期韋述於長安城內收集到的種種傳聞，便具體呈現了長安城的變化。

我們就來看看《兩京新記》卷三中，收錄於延康坊（二三〇頁圖C7）西明寺條目底下的這則故事。西明寺位於延康坊西南隅，原本是隋朝尚書令楊素（？—六〇六年）的宅邸，煬帝在位期間，因其子叛亂遭判死罪而充公。隋滅後，唐朝由高祖李淵之女萬春公主入住，太宗貞觀年間（六二七—六五〇年）又變成濮王李泰的宅邸。李泰去世後，官府便收購這片土地改建為西明寺。

接著來談豪宅主人楊素。西明寺廚房內留有楊素家的水井，據說楊素遭判死罪時家人曾將藏金於井中，至今仍未尋獲。此外，楊素家中還有一位美麗的公主。以下是關於這位公主的故事：

陳太子舍人徐德言（生卒年不詳）之妻陳氏長得十分美麗。她是陳後主叔寶（五五三—六〇四年）的妹妹，才色天下無雙，獲封樂昌公主。後來嫁給德言，夫妻琴瑟和鳴。

陳在隋的攻勢下瀕臨滅亡，德言含淚對妻子說：「一旦國破家亡，我們不知將淪落何等下場。

憑妳的才氣容貌，必會被擄入帝王權貴之門。若我死了，請不要忘了我。倘若我活了下來，恐怕也難有再見之日，但若有幸，則應有信物為憑。」

於是德言打破一面鏡子，夫妻各拿一半，並和妻子相約：「若妳落入權貴人家，正月十五日滿月夜裡就把這片鏡子拿到市場賣。如果我還活著，在市場看到了，便知妳願意與我相見。」

陳滅亡後，妻子果真被隋軍接收。隋文帝將德言之妻賜與功臣楊素。德言之妻深得楊素寵愛。楊素為她在宅邸內安排了一棟專用別館，讓她得以隨心所欲地生活。

不久，陳氏命奴婢於正月望日（十五日）攜破鏡前往市場，並盡可能抬高售價。奴婢最終遇見德言，德言照定價買下破鏡後，便帶妻子的奴婢前往自己的住處，哭著說明緣由，並取出自己收藏的半面鏡子，與陳氏的那半面相合。這時，德言透過奴婢送給了妻子一首詩：

鏡與人俱去，
鏡歸人不歸。
無復嫦娥影，
空留明月輝。

陳氏見到完整的鏡子，讀詩後悲傷得淚流不止，食不下嚥。楊素見陳氏神情憔悴，覺得奇怪，追問之下，陳氏才道出事情的來龍去脈。楊素聞言心生憐憫，便找來德言，將陳氏還給他，連衣服等等也全都贈與德言。

陳氏回到德言身邊時，楊素要求陳氏作詩道別。陳氏推辭不了，便作了首絕句：

今日何遷次，
新官對舊官。
笑啼俱不散，
方驗作人難。

當時的人們無不憐憫陳氏的落魄，也有感於楊素的深情。

這個故事描述一對相愛的男女，在別離時將鏡子分成兩半，誓言未來再度聚首，也是成語「破鏡重圓」及「樂昌分鏡」的典故。內容超脫單純的男女別離，以及巧用機智重逢的故事架構，纖細地勾勒出身分境遇劇變後男女間複雜的情感交錯，讀來餘韻無窮。難怪這故事能夠緊緊抓住人心，並隨著西明寺的歷史悠久流傳。西明寺是空海和圓仁等入唐僧拜訪過的名刹，而這則故事也傳入日本，廣為人知。

在八世紀前期唐玄宗時代，長安成為無數詩文、小說、故事、傳說、街談巷議、說書的舞台，長安的居民們透過這些作品與故事共享悲歡離合。各個場所的時空記憶層層堆疊，在居民的意識中塑造出長安特有的記憶與歷史。

長安城內各建築累積了許多不同的故事，街頭巷尾因而產生不少傳述共通記憶的群體。這使得居民之間建立起非政治權力主導的緊密關係，形成聚集各種階級的長安城市社會。

圖片來源

圖1-1　公眾領域

圖1-2　公眾領域

圖1-3　Jean-Michel Moullec (CC-BY 2.0)

圖2-1　Sailko (CC-BY 3.0)

圖2-2　cgb.fr (CC-BY-SA 3.0)/ Diet Coke Diego (CC-BY-SA 4.0)

圖2-3　Berthold Werner (CC-BY-SA 3.0)

圖2-4　公眾領域

圖2-5　Jürgen Howaldt (CC-BY-SA 2.0 de)

圖2-6　Marie-Lan Nguyen (CC-BY 2.5)

圖3-1　公眾領域

圖3-2　公眾領域

圖3-3　大月康弘提供

圖3-4　大月康弘提供

圖3-5　Sailko (CC-BY-SA 3.0)

圖4-1　ジャック・ジエス（Jacques Giès）編；秋山光和等訳，《西域美術第1巻：ギメ美術館ペリオ・コレクション》（東京：講談社，1994年），頁48-54

Beckwith, C. I., *The Tibetan Empire in Central Asia*, Princeton University Press, 1987.

De la Vaissière, É., *Histoire des Marchands Sogdiens*, Bibliothèque de l'Institut des hautes études chinoises,v. 32, Paris: Collège de France, Institut des hautes études chinoises, 2016. (エチエンヌ・ドゥ・ラ・ヴェシエール〈影山悦子訳〉『ソグド商人の歴史』岩波書店　2019年)

Bloom, J. M., *Paper before Print : the History and Impact of Paper in the IslamicWorld*, Yale University Press, 2001.

Inaba, M. (稲葉穣), Arab Soldiers in China at the Time of the An-Shi Rebellion, *Memoirs of the Research Department of the Toyo Bunko*, No.68, Tokyo, 2010.

Seo, T., The Tang Dynasty I, Xiong V. C., Hammond, K. J. (eds.), *Routlege Handbook of Imperial Chinese History*, New York, 2018.

Seo, T., Buddhism and Commerce in Ninth-century Chang'an: A study of Ennin's Nitt Guhō Junrei Kōki入唐求法巡礼行記,*Studies in Chinese Religions*. ISSN: 2372-9988 (Print) 2372-9996 (Online) Journal homepage: http://www.tandfonline.com/loi/rstu20, New York, 2019.

Thilo, T., *Chang'an Metropole Ostasiens und Weltstadt des Mittelalters 583-904, Teil 1-2: Die Stadtanlage*, Harrassowitz Verlag, 1997-2006.

Xiong, V. C. (熊存瑞), *Sui-Tang Chang'an, A Study in the Urban History of Medival China*, The University of Michigan Center for Chinese Studies, 2000.

森安孝夫『東西ウイグルと中央ユーラシア』名古屋大学出版会　2015年
ジェス，J.（協力・尾本圭子　秋山光和・尾本圭子訳）「新出二大画幅「華厳經変相七処九会」および「華厳經十地品変相」について」ジャン・フランソワ・ジャリージュ，秋山光和監修，ジャック・ジェス編集『西域美術　ギメ美術館ペリオ・コレクションⅠ』講談社　1994年
栄新江『中古中国与外來文明』生活・讀書・新知三聯書店　2001年
栄新江『中古中国与粟特文明』生活・讀書・新知三聯書店　2014年
黄永年『六至九世紀中国政治史』上海書店出版社　2004年
向達『唐代長安与西域文明』生活・讀書・新知三聯書店　1957年
沈睿文『安禄山服散考』上海古籍出版社　2015年
妹尾達彦「中原水都——隋唐洛陽城的社会構造与宗教空間」孫英剛主編『佛教史研究』第２巻　2018年
妹尾達彦「從太極宮到大明宮——唐代宮城空間的変遷与都城社会構造的転型」台湾師範大学歴史系主編『跨越想想的辺界——族群・礼法・社会中国史国際学術研討会論文集』秀威資訊科技股份有限公司　2018年
妹尾達彦『隋唐長安与東亜比較都城史』西北大学出版社　2019年
妹尾達彦「都城与葬地——隋唐长安官人居住地与埋葬地的変遷」夏炎主編『中古中国的都市与社会——南開中古社会史工作坊系列文集』中西書局　2019年
妹尾達彦「五陵親謁——從武周到玄宗的陵墓与都城」『中国文化研究国際論壇論文集』中国社会科学出版社　2020年
孫英剛「転輪王与皇帝——仏校王権観対中古君主概念的影響」『社会科学戦線』2013年第11期
趙剣敏『大唐玄宗時代』上海人民出版社　2007年
陳寅恪「記唐代之李武韋楊婚姻集団」『陳寅恪集　金明館叢稿初編』生活・讀書・新知三聯書店　2001年（初出1954年）
畢波「怛邏斯之戰和天威健児赴砕葉」『歴史研究』2007年　第２期
馬伯庸『長安十二時辰　上・下』湖南文芸出版社　2017年
楊軍・高廈『怛邏斯之戰——唐与阿拉伯帝国的交鋒』商務印書館　2016年
劉後賓「論唐高宗時期政治体制的変化」栄新江主編『唐研究』第３巻 1997年

妹尾達彦「隋唐長安城と郊外の誕生」橋本義則編『東アジア都城の比較研究』京都大学学術出版社　2011年
妹尾達彦「唐長安の都市核と進奏院――進奏院狀(P3547・S1156)をてがかりに」土肥義和・氣賀澤保規編『敦煌・吐魯番文書の世界とその時代』汲古書院　2017年
妹尾達彦「石に刻まれた長安の都市空間――北京大学図書館蔵呂大防「長安図」残石拓本の公刊をめぐって」『川越教授古稀紀念アジア史論叢』中央大学文学部東洋史学研究室　2017年
妹尾達彦「武則天の洛陽, 玄宗の長安」『アジア遊学　杜甫と玄宗皇帝の時代』勉誠社　2018年
妹尾達彦『グローバル・ヒストリー』中央大学出版部　2018年
妹尾達彦「東アジアの複都制」同編『アフロ・ユーラシア大陸の都市と社會』中央大学人文科学研究所　2020年
妹尾達彦「長安702年――武則天と倭国朝貢使」中尾芳治編『難波宮と古代都城』同成社　2020年
妹尾達彦「隋唐の王都」広瀬和雄・山中章・吉川真司編『講座　畿内の古代学　第Ⅲ巻　王宮と王都』雄山閣　2020年
土屋昌明『神仙幻想――道教的生活』春秋社　2002年
礪波護『唐代政治社会史研究』同朋舎出版　1986年
那波利貞『唐代社会文化史研究』創文社　1974年
福島恵『東部ユーラシアのソグド人――ソグド人漢人墓誌の研究』汲古書院　2017年
肥田路美『初唐仏教美術の研究』中央公論美術出版　2010年
前嶋信次「タラス戦考」同著『東西文化交流の諸相』東西文化交流の諸相刊行会　1971年（初出1959年）
松浦千春「武周政権論」『集刊東洋学』64号　1990年
松浦千春「玄宗期の国家祭祀と『王権』のシンボリズム」『古代文化』第49巻第１号　1997年
松本保宣『唐王朝の宮城と御前会議――唐代聴政制度の展開』晃洋書房　2006年

第四章　長安七五一年——歐亞的轉變

▶史料

小野勝年『中国隋唐長安・寺院史料集成　史料篇』法蔵館　1989年

平岡武夫編『長安と洛陽　地図篇』京都大学人文科学研究所　1956年

福山敏男「校注両京新記巻第三及び解説」同著『中国建築と金石文の研究　福山敏男著作集６』中央公論美術出版　1983年（初出1953年）

韋述・杜宝著　辛徳勇輯校『両京新記輯校・大業雜記輯校』三秦出版社　2006年

王仁裕・姚汝能著　曾貽芬点校『開元天宝遺事・安禄山事迹』中華書局　2006年

許道勲・趙克尭『唐玄宗伝』人民出版社　1993年

胡海帆「北京大学図書館蔵呂大防『長安図』残石拓本的初歩研究」『唐研究』21　2015年

司馬光編『資治通鑑』中華書局　2016年（初出1956年）

徐松著　徐蘋芳・趙守儼点校『唐両京城坊考』中華書局　1985年

宋敏求著　辛徳勇・郎潔点校『長安志・長安志図』三秦出版社　2013年

宋敏求著　高敏校点『河南志』中華書局　1994年

封演著　趙貞信校注『封氏聞見記』中華書局　2005年

▶参考文獻

荒川正晴『ユーラシアの交通・交易と唐帝国』名古屋大学出版会　2010年

石田幹之助『増訂　長安の春』平凡社　1967年

井上和人『日本古代都城制の研究』吉川弘文館　2008年

愛宕元『唐代地域社会史研究』同朋舎出版　1997年

石見清裕『唐の北方問題と国際秩序』汲古書院　1998年

大津透『律令国家と隋唐文明』岩波書店　2020年

大西磨希子『唐代仏教美術史論攷——仏教文化の伝播と日唐交流』法蔵館　2017年

金子修一『中国古代皇帝祭祀の研究』岩波書店　2006年

Segelken, B. (ed.), *Kaiser und Kalifen. Karl der Große und die Mächte am Mittelmeer um 800*, Darmstadt, 2014.

Suchan, M., *Mahnen und Regieren. Die Metapher des Hirten im früheren Mittelalter*, Millennium-Studien 56, Berlin/Boston, 2015.

Ubl, K., *Sinnstiftungen eines Rechtsbuchs. Die Lex Salica im Frankenreich*, Quellen und Forschungen zum Recht im Mittelalter 9, Ostfildern, 2017.

第三章　拜占庭皇帝的帝國統治與世界認知

渡邊金一『中世ローマ帝国』（岩波新書）岩波書店　1980年

渡邊金一『コンスタンティノープル千年』（岩波新書）岩波書店　1985年

オストロゴルスキー，G・（和田廣訳）『ビザンツ帝国史』恒文社　2001年（原著：Ostrogorsky, G., *Geschichte des Byzantinischen Staates*, München, 1940.）

リウトプランド（大月康弘訳）『コンスタンティノープル使節記』知泉書館　2019年

Constantine Ⅶ, *De Ceremoniis*, 2 vols., Reiske, J., (ed.), 1829, 1830. English translation, The Book of Ceremonies, accompanying the Greek text in 2 volumes by Ann Moffatt and Maxene Tall, Byzantina Australiensia 18, Canberra, 2012.

Constantine Ⅶ Porphyrogennetos, *The Oxford Dictionary of Byzantium*, Oxford University Press, 1991.

Moravcsik, G., Jenkins, R. J. H. (eds.), Constantine Porphyrogenitus, *De Administrando Imperio*, 2nd revised ed., Washington D. C., 1967 [1949].

Toynbee, A., *Constantine Porphyrogenitus and his World*, Oxford, 1973.

Herbers, K., *Geschichte des Papstums im Mittelalter*, Darmstadt, 2012.

Kikuchi, S., Herrschaft, *Delegation und Kommunikation in der Karolingerzeit. Untersuchungen zu den Missi dominici (751-888)*, Monumenta Germaniae Historica Hilfsmittel 31, Wiesbaden, 2020 (forthcoming).

McCormick, M., *Charlemagne's Survey of the Holy Land: wealth, personnel, and buildings of a Mediterranean church between antiquity and the MiddleAges*, Dumbarton Oaks medieval humanities, Washington, D. C., 2011.

McKitterick, R., *Charlemagne. The Formation of a European identity*, Cambridge, 2008.

Noble, T. F. X., *Images, Iconoclasm, and the Carolingians*, The Middle Ages Series, Philadelphia, 2012.

Oschema, K., *Bilder von Europa im Mittelalter*, Mittelalter-Forschungen 43, Ostfildern, 2013.

Pangerl, D. C., *Die Metropolitanverfassung des karolingischen Frankenreiches*, Monumenta Germaniae Historica Schriften 63, Hanover, 2011.

Pohle, F. (ed.), *Karl der Große, Charlemagne. Orte der Macht: Essays*, Dresden, 2014.

Sarti, L., From *Romanus to Graecus*. The identity and perceptions of the Byzantines in the Frankish West, *Journal of Medieval History*, 44/2, 2018.

Schieffer, R., Die Einheit des Karolingerreiches als praktisches Problem und als theoretische Forderung, *Fragen der politischen Integration im mittelalterlichen Europa*, Maleczek, W. (ed.), Vorträge und Forschungen 63, Ostfildern, 2005.

Schieffer, R., *Die Karolinger*, 5 ed., Stuttgart/Berlin/Cologne, 2014.

Schieffer, R., Europenses, Zum geographisch-politischen Weltbild der Mozarabischen Chronik, *ZwischenRom und Santiago, Festschrift für Klaus Herbers zum 65. Geburtstag. Beiträge seiner Freunde und Weggefährten, dargereicht von seinen Schülerinnen und Schülern*, Alraum, C., et al., (eds.), Bochum, 2016.

エインハルドゥス／ノドケルス（国原吉之助訳）『カロルス大帝伝』筑摩書房　1988年
エーヴィヒ，E・（瀬原義生訳）『カロリング帝国とキリスト教会』文理閣　2017年
シンメルペニッヒ，B・（甚野尚志／成川岳大／小林亜沙美訳）『ローマ教皇庁の歴史――古代からルネサンスまで』（人間科学叢書47）刀水書房　2017年
バラクロウ，G・（藤崎衛訳）『中世教皇史』八坂書房　2012年
Angenendt, A., Das geistliche Bündnis der Päpste mit den Karolingern (754-796), *Historisches Jahebuch*, 100, 1980.
Becher, M., Jarnut, J.(eds.), *Der Dynastiewechsel von 751: Vorgeschichte, Legitimationsstrategien und Erinnerung*, Münster, 2004.
Depreux, P., Ambitions et limites des réformes culturelles à l'époque carolingienne, *Revue historique*, 307/3, 2002.
Fried, J. (ed.), *Karl der Große. Wissenschaft und Kunst als Herausforderung. Beiträge des Kolloquiums vom 26. Februar 2014 in der Akademie der Wissenschaften und der Literatur, Mainz*. Abhandlungen der Geistes- und Sozialwissenschaftlichen Klasse (AM-GS) 2018.1, Stuttgart, 2018.
Grosse, R. Sot, M. (eds.), *Charlemagne. Les temps, les espaces, les hommes*, Haut Moyen Âge 34, Turnhout, 2018.
Hack, A. T., *Codex Carolinus. Päpstliche Epistolographie im 8. Jahrhundert*, Päpste und Papsttum 35, 2vols, Stuttgart, 2006-7.
Hack, A. T., Karl der Große, Hadrian I. und die Muslime in Spanien. Weshalb man einen Krieg führen und wie man ihn legitimiert, *Die Faszination der Papstgeschichte. Neue Zugänge zum frühen und hohen Mittelalter*, Hartmann, W., Herbers, K. (eds), Forschungen zur Kaiser- und Papstgeschichte des Mittelalters. Beihefte zu J. F. Böhmer, Regesta Imperii 28, Cologne/Weimar/Vienna, 2008.
Hack, A. T., *Abul Abaz. Zur Biographie eines Elefanten*, Jenaer mediävistische Vorträge 1, Badenweiler, 2011.

Sharon, M., *Black Banners from the East, the Establishment of the 'Abbāsid State: Incubation of a Revolt*, Magnes Press, Hebrew University, Brill, 1983.

Sharon, M., Revolt: *The social and military aspects of the 'Abbāsid revolution*, Max Schloessinger Memorial Fund, The Hebrew University, 1990.

Tannous, J., *The Making of the Medieval Middle East: Religion, Society, and Simple Believers*, Princeton University Press, 2018.

Wellhausen, J., *The Arab Kingdom and its Fall*, Translated by Margaret Graham Weir, University of Calcutta, 1927. (German First edition in 1902.)

Wilde, C., "Early Christian Arabic Texts: Evidence for Non-'Uthmānic Qur'ān Codices, or Early Approaches to the Qur'ān?', ed. G.S. Reynolds, *New Perspectives on the Qur'ān*, Routledge, 2011.

al-Ya'qūbī, *The Works of ibn Wāḍiḥ Al-ya'qūbī: An English Translation*, ed. Matthew S. Gordon et al, 3 vols., Brill, 2018.

第二章　西歐世界的誕生

五十嵐修『王国・教会・帝国――カール大帝期の王権と国家』知泉書館　2010年

佐藤彰一『カール大帝――ヨーロッパの父』（世界史リブレット人29）山川出版社　2013年

上智大学中世思想研究所／大谷啓治編訳『カロリング・ルネサンス』（中世思想原典集成６）平凡社　1992年

多田啓「カロリング・ルネサンス」甚野尚志・益田朋幸編『ヨーロッパ文化の再生と革新』知泉書館　2016年

津田哲郎「トゥール・ポワティエの戦いの「神話化」と８世紀フランク王国における対外認識」『西洋史学』261　2016年

山田欣吾「「教会」としてのフランク帝国――西ヨーロッパ初期中世社会の特色を理解するために」『教会から国家へ――古相のヨーロッパ』（西洋中世国制史の研究１）創文社　1992年

イブン・イスハーク（イブン・ヒシャーム編註　後藤明ほか訳）『預言者ムハンマド伝』（全４巻）岩波書店　2010～12年
グタス，D.（山本啓二訳）『ギリシア思想とアラビア文化――初期アッバース朝の翻訳運動』勁草書房　2002年
サービー，S.（谷口淳一・清水和祐監訳）『カリフ宮廷のしきたり』松香堂　2003年
タヌーヒー（森本公誠訳）『イスラム帝国史話　上・下』岩波書店　2017年
ドナー，F・M・（後藤明監訳　亀谷学・橋爪烈・松本隆志・横内吾郎訳）『イスラームの誕生――信仰者からムスリムへ』慶應義塾大学出版会　2014年
バーキー，J・（野本晋・太田絵里子訳）『イスラームの形成――宗教的アイデンティティーと権威の変遷』慶應義塾大学出版会　2013年
Agha, S. S., *The Revolution which toppled the Umayyads: neither Arab nor ʿAbbāsid*, Brill, 2003.
Anonymous, *The Chronicle of Zuqnin,Parts III and IV: A.D. 488-775*, tr. AmirHarrak, Pontifical Institute of Mediaeval Studies, 1999.
Crone, P., *God's Rule: Government and Islam*, Colimbia University Press, 2004.
Crone, P., Hinds, M., *God's Caliph: Religious Authority in the First Centuries od Islam*, Cambridge University Press, 1986.
Hoyland, R. G., *Seeing Islam As Others Saw it: A Survey and Evaluation of Christian, Jewish, and Zoroastrian Writings on Early Islam*, Darwin Press, 1997.
Hoyland, R. G., *In God's Path: the Arab Conquests and the Creation of an Islamic Empire*, Oxiford University Press, 2015.
Khan, G., *Arabic Documents: From Early Islamic Khurasan*, Nour Foundation, 2007.
Lapidus, I. M., A History of Islamic Societies, Cambridge University Press, 2014 (3rd ed., 1st edition 1988)
Qureshi, S. A., *Letters of the Holy Prophet*, International Islamic Publishers, 1983.

吉田孝「八世紀の日本――律令国家」『岩波講座日本通史古代３』（第４巻）岩波書店　1994年

第一章　伊斯蘭世界的出現

太田敬子「アッバース朝初期の地方行政と徴税制度――ズクニーン修道院年代記を中心として」『オリエント』41-2　1998年
太田敬子「ナジュラーンの安全保障契約を巡る諸問題（３）――ムハンマドの契約書の借用と展開」『北海道大学文学研究科紀要』147　2015年
亀谷学「ウマイヤ朝期におけるカリフの称号――銘文・碑文・パピルス文書からの再検討」『日本中東学会年報』24　2008年
亀谷学「研究フォーラム　初期イスラーム時代におけるカリフ概念の形成――同時代史料に見られるカリフの称号からの再検討」『歴史と地理』659　2012年
亀谷学「初期イスラーム時代における政治的コミュニケーションの構造とその変化」『歴史学研究』950　2016年
菊地達也『イスラーム教「異端」と「正統」の思想』（講談社選書メチエ446）講談社　2009年
高野太輔『マンスール――イスラーム帝国の創建者』（世界史リブレット人20）山川出版社　2014年
小杉泰『イスラーム文明と国家の形成』京都大学学術出版会　2011年
小杉泰『イスラーム帝国のジハード』（興亡の世界史06）講談社　2006年
佐藤次高編『西アジア史Ⅰ　アラブ』（世界各国史８）山川出版社　2002年
佐藤次高『イスラームの国家と王権』岩波書店　2004年
柴田大輔・中町信孝編『イスラームは特殊か――西アジアの宗教と政治の系譜』勁草書房　2018年
嶋田襄平『イスラムの国家と社会』岩波書店　1977年
羽田正『イスラーム世界の創造』東京大学出版会　2005年
家島彦一『イスラム世界の成立と国際商業――国際商業ネットワークの変動を中心に』岩波書店　1991年

主要參考文獻

總論　普遍世界的鼎立

大津透『律令国家と隋唐文明』岩波新書　2020年

大月康弘『帝国と慈善——ビザンツ』創文社　2005年

鎌田元一「七世紀の日本列島——古代国家の形成」『岩波講座日本通史古代２』（第３巻）岩波書店　1994年

坂上康俊「古代の法と慣習」『岩波講座日本通史古代２』（第３巻）岩波書店　1994年

妹尾達彦「中華の分裂と再生」『岩波講座世界歴史９』岩波書店　1999年

妹尾達彦『グローバル・ヒストリー』中央大学出版会　2018年

高谷知佳・小石川祐介『日本法史から何がみえるか——法と秩序の歴史を学ぶ』有斐閣　2018年

中村順昭『地方官人たちの古代史——律令国家を支えた人びと』吉川弘文館　2014年

古瀬奈津子『遣唐使の見た中国』吉川弘文館　2003年

堀越宏一『中世ヨーロッパの農村世界』（世界史リブレット24）山川出版社　1997年

三浦徹「イスラーム地域研究の発進」『歴史学研究』702　1997年

三浦徹・岸本美緒・関本照夫編『比較史のアジア——所有・契約・市場・公正』東京大学出版会　2004年

三浦徹「架橋する法——イスラーム法が生まれるとき」林信夫・新田一郎編『法が生まれるとき』有斐閣　2008年

三浦徹『イスラーム世界の歴史の展開』放送大学振興会　2011年

三浦徹「都市民の語りと記憶——個と社会のあり方」渡辺浩一編『自己語りと記憶の比較都市史』勉誠出版　2015年

森本芳樹『中世農民の世界——甦るプリュム修道院所領明細帳』岩波書店　2003年

大月康弘

一橋大學大學院經濟學研究科教授。1962年生，專長為拜占庭史。

主要著作：

《帝國與慈善　拜占庭》（創文社，2005）

《歐洲　時空的交會點》（創文社，2015）

利烏特普蘭德（Liudprandi），《君士坦丁堡使節記》（全文譯＋譯註＋附論兩篇；知泉書館，2019）

皮耶爾．馬拉瓦（Pierre Maraval），《皇帝查士丁尼》（白水社，2005）

伯納德．弗留贊（Bernard Flusin），《拜占庭文明》（白水社，2009）

馬加里．克梅爾（Magali Coumert）、布魯諾．杜梅吉爾（Bruno Dumézil），《歐洲與日耳曼部落國家》（共譯；白水社，2019）

妹尾達彥

中央大學文學部教授。1952年生，專長為東亞城市史。

主要著作：

《長安的都市規畫》（講談社，2001；韓文版，2006；中文版，2012）

《全球史》（中央大學出版部，2018）

《隋唐長安與東亞比較都城史》（西北大學出版社，2019）

《歐亞非大陸的都市與社會》（編著；中央大學出版部，2020）

Routledge Handbook of Imperial Chinese History（共著；New York: Routledge, 2018）

作者

龜谷學

北海道大學大學院文學研究科博士後期課程畢業，文學博士。弘前大學講師。1977年生，專長為早期伊斯蘭史、中世紀中東史。

主要著作：

〈伍麥亞王朝時期的哈里發稱號——透過銘文．碑文．莎草紙文件重新審視〉《日本中東學會年報》24卷1號（2008）

弗雷德．麥格勞．唐納（Fred McGraw Donner），《伊斯蘭的誕生——從信徒到穆斯林》（共譯；慶應義塾大學出版會，2014）

"From Qustal to Jahbadh: An Aspect of Transition in the Egyptian Tax-Collecting System", in *New Frontiers of Arabic Papyrology,* ed. S. Bouderbala et al.(E. J. Brill, 2017)

《伊斯蘭特殊嗎？西亞的宗教與政治系譜》（共著；勁草書房，2018）

菊地重仁

青山學院大學文學部副教授。1976年生，專長為歐洲早期中世紀史、古文書學。

主要著作：

Representations of monarchical "highness" in Carolingian royal charters, *Problems and Possibilities of Early Medieval Charters,* J. Jarrett & A. S. McKinley(eds.) (Turnhout, 2013)

〈中心與周圍的連結——卡洛林王朝法蘭克王國之命令傳達與執行諸面向〉《西洋史研究 新輯》43(2014)

Herrschaft, Delegation und Kommunikation der Karolingerzeit. Untersuchungen zu den Missi dominici(751-888), MGH Hilfsmittel 31 (Wiesbaden, 2020, forthcoming)

作者簡介

叢書監修

木村靖二

東京大學名譽教授。專長為西洋近現代史，德國史。

岸本美緒

御茶水女子大學教授。專長為明清社會經濟史。

小松久男

東京大學名譽教授。專長為中亞史。

編者

三浦徹

東京大學大學院人文科學研究科博士課程肄業，御茶水女子大學副校長。1953年生，專長為伊斯蘭史。

主要著作：

《伊斯蘭都市研究》（共著；東京大學出版會，1991）

《伊斯蘭研究指南》（共編著；榮光教育文化研究所，1995）

《伊斯蘭的都市世界》（世界史劇本16）（山川出版社，1997）

《亞洲比較史——所有．契約．市場．公正》（東京大學出版會，2004）

《伊斯蘭世界的歷史發展》（放送大學教育振興會，2011）

Dynamism of the Urban Society of Damascus: The Salihiyya Quarter from the 12th to the 20th Centuries (Leiden, 2016)

歷史的轉換期 03

普遍世界的鼎立 750年

普遍世界の鼎立

Turning Points in World History

編　　者　三浦徹
譯　　者　黃健育
發 行 人　王春申
選書顧問　陳建守
總 編 輯　張曉蕊
特約編輯　蔡傳宜
責任編輯　洪偉傑
封面設計　萬勝安
內文排版　康學恩
業　　務　王建棠
資訊行銷　劉艾琳、謝宜華、蔣汶耕
出版發行　臺灣商務印書館股份有限公司
23141 新北市新店區民權路 108-3 號 5 樓
（同門市地址）
電　　話　(02) 8667-3712
傳　　真　(02) 8667-3709
服務專線　0800-056193
郵　　撥　0000165-1
信　　箱　ecptw@cptw.com.tw
網路書店　www.cptw.com.tw
臉　　書　facebook.com.tw/ecptw
印　　刷　鴻霖印刷傳媒股份有限公司
定　　價　新台幣 430 元
2021 年 9 月　初版 1 刷
2023 年 11 月　初版 2.2 刷

臺灣商務印書館

局版北市業字第 993 號
法律顧問　何一芃律師事務所

國家圖書館出版品預行編目 (CIP) 資料

750年：普遍世界的鼎立／三浦徹編；黃健育譯
——初版—— 新北市：臺灣商務印書館股份有限公司，2021.09
　面；　公分（歷史的轉換期 3）
譯自：750 年：普遍世界の鼎立
ISBN　978-957-05-3343-9（平裝）
1. 文化史　2. 世界史

713　　110010226